アクティブ・ラーニングの考え方・進め方

◆キー・コンピテンシーを育てる多様な授業

加藤幸次 著

黎明書房

はじめに

　本書の目指すところは,「アクティブ・ラーニング」というカタカナ語を革新的に捉え,導入を機に,現状の授業の持つパラダイムを転換し,グローバル時代にふさわしい多様な授業を創りだすことにあります。もし「アクティブ・ラーニング」が,言われてきているように,「変化してやまない,答えのない今後のグローバル社会に生きていくために必要な資質・能力」,すなわち,「高い志や意欲を持つ自立した人間として,他者と協働しながら価値の創造に挑み,未来を切り開いていく力」(2014年11月,中央教育審議会への諮問『初等中等教育における教育課程の基準等の在り方について』)の育成を目指すものであるならば,このカタカナ語は,新しい授業の創造に多大なエネルギーを与えてくれる言葉のように聞こえるからです。

　こうした革新的な捉え方に対して,「アクティブ・ラーニング」という言葉そのものが"軽過ぎる"せいか,大多数の教師は,また,教育研究者も,ごく平然と構えているように見えます。「活動的な,能動的な学習」ということなら,彼らは,日々,すでに,子どもたちが「アクティブ」に「ラーニング」に立ち向かってくれるように,十分,腐心してきている,と言いたげです。近年,"協働学習"という「話し合い活動やグループ・ワーク」が強調されていることからでしょうか,「アクティブ・ラーニング」を今までの授業の枠組みの中に納めることに自信ありげです。あるいは,"汎用的スキル"を育てる直接的な手段として「思考ツール」と呼んで,分類したり,比較したり,分析したり,総合するといった従来からの技能の中に「アクティブ・ラーニング」を納めてしまおうとしているようです。

調べてみますと，「アクティブ・ラーニング」という言葉は大学教育の改革を目指す審議会の中で使われてきた言葉です（2012年3月，中央教育審議会大学分科会『審議のまとめ：予測困難な時代において生涯学び続け，主体的に考える力を育成する大学へ』）。たしかに，大学の授業は教授による講義が中心で，学生たちは受け身です。話を静かに聞くことを求める講義は「座学」で，大衆化した今の大学生はじーっと講義に耳を傾けていることはできない相談でしょう。したがって，大学教育についてこの言葉が使われるなら，納得できるというものですが，大多数の教師にとって，なぜ義務教育についてまで言われるようになったのか，理解に苦しむといったところでしょう。

　もちろん，大学教育について言われていた「アクティブ・ラーニング」というカタカナ語が義務教育のレベルにまで降ろされてきたのには，理由があるはずです。言うまでもなく，小学校，中学校や高等学校における授業もまた改革されなければならないのが現状だからです。

　大多数の教師たちが，日々，子どもたちが「アクティブ」に「ラーニング」に立ち向かってくれるように，すでに，腐心してきているという授業が，実は，大学とは程度が違っているとしても，基本的には同じ問題を抱え込んでいるからです。また，ここで言われている「予測困難な時代において生涯学び続け，主体的に考える力を育成する」ことは，大学教育の段階だけではなく，小学校から大学まで一貫して行われるべき目標だからです。周知のように，次期学習指導要領について検討する中央教育審議会において，「アクティブ・ラーニング」が主要な検討項目となっています。

　このところ，「アクティブ・ラーニング」という言葉とともに，「キー・コンピテンシー」というもう1つのカタカナ語もあちらこちらで聞きます。2020年度から施行される新学習指導要領は，「資質・能力（コンピテンシー）」という概念をベースに編成されると言われてい

ます。

　「キー・コンピテンシー」について調べてみますと，グローバル時代は「知識基盤社会」であると言われ，これからの社会は「知識が社会，経済の発展を駆動する基本的な要素である」というわけです。知識に社会，経済の発展を「駆動する」力を期待する以上，「何を知っているか」から「何ができるか」に，教育目的を転換すべきであると言うのです。「コンテンツ」から「コンピテンシー」へと転換を図るべきであるという言い方もされます。コンピテンシーは知識を使いこなし，何かを創造する資質・能力というわけです。

　明らかに，この2つのカタカナ語，「アクティブ・ラーニング」と「キー・コンピテンシー」はセットになって喧伝されてきています。今後，もっと連動した形で語られてくるでしょう。言い換えると，「アクティブ・ラーニング」は「キー・コンピテンシー」と言われるグローバル時代にふさわしい「資質・能力」の育成のための指導方法というわけです。

　実は，ここに，「アクティブ・ラーニング」の持つべき革新性が隠されているのです。ここに隠されている革新性とは，従来から行われてきている授業の「パラダイム転換」を図らずには，この目標を達成することができないとする点にあるのです。端的に言えば，「アクティブ・ラーニング」という概念は授業の一大転換を誘発しているものと捉えるべきです。そのために必要なことは，教師たちが日々行っている一斉授業のどこを，どう改革すれば，「アクティブ・ラーニング」になるのか，具体的な方略と実践の姿を示すことが不可欠です。

　授業のパラダイム転換を図って，グローバル時代にふさわしい新しい授業を創造するのに当たって，次の2つの点を重視したいと考えます。1つは，子どもたち一人ひとりが活動的かつ能動的に学習活動する「多様な」授業をデザインする，ということです。なぜなら，「アクティブ・

ラーニング」は，多様な授業の在り方の中で展開されるべき性質の学習活動だからです。1人の教師が，4間×5間の教室という空間の中で，45分，あるいは，50分という時間帯で，30人近い子どもたちを指導するという伝統的な一斉授業という形態にこだわることはありません。

　もう1つは，子どもたち一人ひとりが活動的かつ能動的に学習活動する授業のための「多様で，豊かな」学習環境をデザインする，ということです。時代は学社連携の時代です。もはや，学級担任や教科担任だけが指導者ではありません。地域の専門家やボランティアの方々も学習の支援者です。時代はICT（情報通信技術）の時代です。教科書だけが教材ではありません。図書館や情報センターで得られる資料に加えて，コンピュータやタブレットから得られるデータは貴重な資料です。

　いつものことですが，黎明書房の武馬社長に執筆の機会を与えていただき感謝しています。この年齢になっても，書かせていただけることは感謝以上のものです。学校教育の一大転換点にあって，今まで主張してきたこと，実践してきたことを反省し，整理する貴重な機会，多分，最後のチャレンジの機会を得たことは，うれしい限りです。また，微力ながら，この転換に貢献できることを心よりうれしく思っています。このたびもまた，都築康予さんに編集していただき，読みやすいものになったのではないか，と感謝しています。

　この本は妻，熱美に捧げます。

　　2015年秋
　　　　　　　新美南吉の故郷，半田市の実家にて　　加藤幸次

目　次

はじめに　1

Ⅰ　アクティブ・ラーニングのための「多様な」授業を考える　13

1　今の一斉授業には，限界がある　14
　(1)　一斉授業を支える基本構造を認識する　14
　(2)　一斉授業という枠組みの中での「アクティブ・ラーニング」の限界　15
　(3)　子どもが真に「アクティブ」になるのはどんな時か　16
　(4)　一斉授業の基本構造の対極にある授業の構造を視野に入れる　18

2　アクティブ・ラーニングは，子どもたちの「イニシアティブ」にベースを置く　20
　(1)　主体性，創造性を育む「原因感覚」を育てる　20
　(2)　教育内容と教育方法でのイニシアティブを考える　22
　(3)　マトリックスのＡとＢの領域：「参加型授業」　23
　(4)　マトリックスのＣとＤの領域：「参画型授業」　24

3　「参加型授業」と「参画型授業」に分けて，アクティブ・ラーニングを考える　25
　(1)　一斉授業をアクティブ・ラーニングに作り変える　25
　(2)　教育方法の上で，教師がイニシアティブを発揮する参加型授業　26
　(3)　子どもたちの能力・適性に対応して教育方法を配慮する　27

(4)　教科等の特質に対応して教育方法に配慮する　28
　(5)　教育内容の上で，子どもたちがイニシアティブを発揮する参画型授業　29

4　アクティブ・ラーニングが行われる近未来の学校とは　31
　(1)　地域社会に開かれたコミュニティ・スクールへ　31
　(2)　学校とその教育課程を「開かれた系」に作り変える　32
　　1)　教室を開いて，教師はティーム・ティーチングを行う　33
　　2)　学習時間を柔軟にしてフレキシブル・スケジュリングを導入する　33
　　3)　教科，道徳，特別活動を「インテギュレーション（統合）」する　34
　　4)　学年の枠を超えた「ノン・グレイドなアプローチ」も採用する　35

Ⅱ　アクティブ・ラーニングのための 10の「授業モデル」　37

1　「参加型授業」モデル　38
　(1)　第1の授業モデル「補充指導」（マスタリー学習）　38
　(2)　第2の授業モデル「学力別指導」（アビリティ・グループ学習）　40
　(3)　第3の授業モデル「反転授業」（フリップ・オーバー学習）　42
　(4)　第4の授業モデル「一人学習」（マイペース学習）　44
　(5)　第5の授業モデル「二人学習」（ペア共同学習）　47
　(6)　第6の授業モデル「小グループ学習」（グループ協働学習）　49

2　「参画型授業」モデル　54
　(1)　第7の授業モデル「発展課題学習」（エンリッチ学習）　54
　(2)　第8の授業モデル「課題選択学習」（トピック学習）　55
　(3)　第9の授業モデル「自由課題学習」（テーマ学習）　57

(4) 第10の授業モデル「自由研究学習」(インディペンデント学習)　58
 3　アクティブ・ラーニングを目指した「特色ある」教育課程を編成する　60
　　(1) 地域や子どもの実態，教科の特質とともに，「アクティブ・ラーニング」に配慮する　60
　　(2) 「分野」のレベルで10の授業モデルの適用を図る　61
　　(3) 子どもたちが「イニシアティブ」を取る比率を上げていく　64

Ⅲ　アクティブ・ラーニングに必要な「指導・学習観」を持つ　67

 1　「ラーニング・バイ・ドゥーイング」という原理に則る　68
　　(1) 聞いて，見て，学ぶことがアクティブ・ラーニングか　68
　　(2) 「理解」するためには，「ドゥーイング」が不可欠である　69
　　(3) 現実は「ドゥーイング」が「追試」に陥ってしまっている　70
 2　「なぜ」「どのようにして」と問うことが主体性，創造性を育む　71
　　(1) 「深い問い」から始まる　71
　　(2) 全体が見通せてこそ動き出せる　73
 3　ウェビングによって「学習課題」を創る　74
　　(1) 最初のステップとして「動機づけ」が「すべて」である　74
　　(2) ウェビング手法で「課題づくり」をする　76
　　(3) ウェビング手法で学習課題の全体像を描き，見通す　77
　　(4) 探究のための素材とスケジュールについても，同時に考える　80
　　(5) 「学習計画シート」「契約学習シート」に書き込み，役割分担して探究する　81

4 「ポートフォリオ評価」は活動全体の姿を反省する機会を提供する　82
　(1)　プロセス評価のための「ポートフォリオ」を作成する　82
　(2)　「メタ認知」の育成を目指した「振り返りシート」を加える　83
5 知識への見方・考え方を改めることからすべては始まる　84
　(1)　理解の仕方も，また，変化してやまない「人工物」にすぎない　84
　(2)　「足がかり」を得て，自分なりに知識を創造するのは「私」自身である　85
6 「課題」解決学習から「問題」解決学習へ　87
　(1)　「課題」解決学習を越える　87
　(2)　はたして「問題」解決学習は受け入れられるか　88

Ⅳ　アクティブ・ラーニングのための「指導・学習システム」を考える　91

1 今の教室には，限界がある　92
　(1)　「教室」は教師が知識を伝授する場である　92
　(2)　指導は「教師の質問，子どもの答え」で行われていく　93
2 「マン・トゥ・マン」システムから「マン・トゥ・エンバイロメント」システムへ　95
　(1)　「教師が子どもたちを教える」システムについて再考する　95
　(2)　「子どもたちが学習環境と相互作用する」システムを創る　96
　(3)　人的学習環境と物的学習環境を分け，後者に力点を置く　97
3 「アクティブ・ラーニング」のもとでは，教師の役割が大きく変わる　99
　(1)　教師の第1の役割は指導計画を立案すること　99
　(2)　教師の第2の役割は適切な学習環境を創ること　100
　(3)　教師の第3の役割は一人ひとりの子どもの学習活動を「支援

する」こと　101

V　アクティブ・ラーニングのための「学習活動の場所」を創る　103

1　「教室」とともに，図書室，特別教室，「空き教室」それに「多目的スペース」を活用する　104
　(1)　学習活動の場所はなぜ「教室」だけなのか　104
　(2)　使われていない図書室，特別教室，「空き教室」それに「多目的スペース」　105
　(3)　中学校では，国語，社会，数学，英語は教科教室を持たない　106

2　「学習センター」「教科センター」を創る　107
　(1)　空き教室を「学習センター」「教科センター」に改造する　107
　(2)　図書室や視聴覚室やコンピュータ室を「学習センター」「教科センター」に仕立てる　108
　(3)　多目的（オープン）スペースの「学習センター」化と「教科センター」化　109

3　ICT時代のアクティブ・ラーニングを考える　112
　(1)　コンピュータによって個別学習活動を管理する　112
　(2)　コンピュータによって学習活動を支援する　112
　(3)　コンピュータによって「学習ガイド（手引き）」を作成，普及させる　113

VI　アクティブ・ラーニングのための「学習環境」　115

1　多様で豊かなメディアで「学習環境」をしつらえる　116
　(1)　教室環境は殺風景である　116
　(2)　「やる気・学習意欲を刺激する学習環境」をしつらえる　117

(3) 「学習活動を促進する学習環境」を用意する　119
　(4) 汎用性のある学習材と特殊性を持つ学習材　121
2　過去・現在・未来を結ぶ「学習環境」を意識する　122
　(1) 「輪郭のはっきりしない」学習環境の効用を認識する　122
　(2) コンピュータやタブレット端末器は有力なツールである　123
3　アクティブ・ラーニングには「カリキュラム・デザイン」が必要　124
　(1) 「学習センター」「教科センター」を活用する　124
　(2) アクティブ・ラーニングを行う重点教科を決める　125
　(3) 通常の45分，50分の授業時間を柔軟に立案する　126

Ⅶ　アクティブ・ラーニングのための「学習ガイド（手引き）」の作り方　129

1　「学習ガイド（手引き）」で学習活動の全体を与え，「メタ認知」を育てる　130
　(1) 「構造的」から「非構造的・否構造的」へ　130
　(2) 第1, 2の授業モデルには，「学習適性（学習スタイル）」を処遇した個別指導が必要である　131
　(3) 第4, 5, 6, 7, 8の授業モデルには，「自力解決学習」を保障する「学習ガイド（手引き）」に導かれた『学習パッケージ』を用意する　132
　　1）「学習ガイド（手引き）」で学習活動の全体を与え，「メタ認知」を育てる　132
　　2）2つの事例を通して「学習ガイド（手引き）」を説明する　133
　　3）1つの事例を通して『学習パッケージ』の成り立ちを説明する　136
　(4) 第9, 10の授業モデルは「契約学習」である　140

⑸　契約学習の事例としての『さざんか活動』　142
　2　アクティブ・ラーニングのための「研究推進委員会」を立ち上げる　143
　　⑴　研究推進委員会を構成する　143
　　⑵　「学習ガイド（手引き）」『学習パッケージ』作成には時間とエネルギーが必要である　145
　　⑶　「カリキュラム管理室」を設け，「学習ガイド（手引き）」『学習パッケージ』を保存する　146
　　⑷　「カリキュラム評価」により実践の深まりと広がりを図る　147

おわりに　150

　　　　　　　　　　　　　　　　　　　　　　イラスト・さややん。

I
アクティブ・ラーニングのための「多様な」授業を考える

・・・・・・・・・・・ プロローグ ・・・・・・・・・・・

　このところ「アクティブ・ラーニング」への関心はきわめて高いのですが，教師たちは，率直に言えば，内心では，しごく平然と構えているように見えます。「活動的，能動的な学習」ということなら，日々の授業の中でも，すでに十分，子どもたちが「アクティブ」に課題解決学習に立ち向かってくれるように腐心してきている，と言いたげです。

　となると，授業のパラダイムを転換するために，初めにしなければならないことは，「日々の授業」とはどのようなものなのか，と捉え直してみて，「日々の授業」とは対極をなす授業を描いてみる必要があります。

　そのために，まず，課題解決活動のプロセスとかかわる「学習課題」「学習時間・学習ペース」「教材・資料」「結論・まとめ」という観点から，日々の授業の持つ基本的な構造を取り出して，その特徴を指摘することから始めて，続いて，「多様な」授業を展望するために，日々の授業と対極にある授業について考えてみます。なぜなら，大多数の教師にとって，日々自分たちが行っている授業が「唯一」の授業と映っている，と思われるからです。

　次に，「日々の授業」から「対極にある授業」にまで授業を拡大するための方略を考えることにします。「アクティブ・ラーニング」にとって重要な概念と考えられる「イニシアティブ（主導権）」という概念を導入して授業を拡大していきます。学習活動にはそこで学ぶべき「内容」があります。同時に，学んでいく「方法」があります。誰が，すなわち，教師か，子どもたちか，どちらがこの2つの領域でイニシアティブを発揮しているか，考えていきます。

1　今の一斉授業には，限界がある

(1)　一斉授業を支える基本構造を認識する

　まず問わなければならない問題は，今まで行ってきている一斉授業でも，子どもたちは活動的，能動的に学習しているはずで，なぜ，その他に「多様な」授業を創る必要があるのか，ということです。すなわち，一斉授業のどこに問題があり，どこをどう変えるべきか，という"展望"の問題です。

　この問題に答えるために，日ごろ行われている一斉授業について，その持つ基本構造を知ることから始めたいのです。なぜなら，繰り返し述べますが，大多数の教師は，今までの授業の中でも，子どもたちがアクティブに学習活動を展開できるように配慮していて，実際に，子どもたちは活発（アクティブ）に学習（ラーニング）している，と強く信じているように考えられるからです。一体，一斉授業とは言わないとしても，一斉学習はどんな基本的な構造のもとで成り立っているのでしょうか。根本から考えてみたいのです。

　結論から言えば，「一斉性・画一性」を持った構造が浮かび上がります。

　何より，子どもたち全員が同一の「学習課題」に挑戦しているという特徴を持っています。たとえば，小学校の算数で言えば，全員で「3ケタと3ケタの掛け算」について，中学校の社会科で言えば，「鎌倉時代」について学習しているのです。それこそ，同じ教科書を用いて同じ単元について学習している以上，当然のことです。

　次に，子どもたち全員が「同じペース」で共通学習課題に挑戦しているという特徴を持っています。教師の指示発言を聞けば，実に，はっき

りしています。「では，この問題，5分で解いてください」「はい，始めてください」「はい。鉛筆を置いて，黒板を見てください」と教師は常に学習時間をコントロールしていきます。

さらに，子どもたち全員が「同じ教材」を用いて学習課題に挑戦しているという特徴を持っています。ここでも，教師の指示発言を聞けば，はっきりしています。「では，これからビデオを見ますよ」「プリント(1)を読んでください」「次に，表の5について，話し合ってください」と，教師は常に学習活動に用いる教材を指示していきます。

したがって，子どもたち全員が「同じ結論（答え）」に達するという特徴を持っています。どこから見ても，「一斉で，かつ画一的な学習活動」です。

(2) 一斉授業という枠組みの中での「アクティブ・ラーニング」の限界

次に考えたいことは，このような「一斉性・画一性」を持つ一斉授業の中で，一体どのような「アクティブ・ラーニング」が行えるのか，ということです。子どもたちは教室という空間の中で「自分の席」に座って，このような基本構造を持つ一斉授業を受けているのです。なにより，子どもの「動き」が封じられています。となると，「アクティブ・ラーニング」は話し合い（ディスカッション），グループ学習（グループ・ワーク），ディベートなどに限られてきてしまいます。しかも，「同一の学習課題」を「同じペース」で「同じ教材」を用いて追究するという枠組みの中での「アクティブ・ラーニング」ということになります。この点について，しっかり認識されていないのが現状です。したがって，大多数の教師ばかりではなく，ほとんどの教育学者が「アクティブ・ラーニング」の持つ革新性に気づくことができないでいるのです。

はっきり言うと，教師が課題解決の必要があると考える学習課題につ

いて，教師がすべておぜん立てした枠組みの中での「アクティブ・ラーニング」にすぎないのです。アナロジカルに言えば，それは教師という「お釈迦様の掌の上」の学習活動にすぎないのです。強い言い方ですが，このことに気づいている教師や教育学者は，全くと言うほど，いないのです。

　問題は，はたして，こうした在り方だけが今日求められている「アクティブ・ラーニング」なのかどうかということです。私たちは，以下，この点に挑戦していこうとしています。

(3)　子どもが真に「アクティブ」になるのはどんな時か

　一斉授業という言い方は今では嫌われますので，"一斉学習"という言い方をしてもよいのですが，極端な言い方になることを承知で言えば，一斉授業の枠組みの中でしか見ていない現状では，「アクティブ・ラーニング」は今日求められている革新性は認識されないでしょう。「アクティブ」という言葉の軽さはさておき，人間が真に「アクティブ」になるのはどんな時でしょうか。言うまでもなく，「アクティブ」という状態は結果です。アクティブになる動因はなんでしょうか。このことを問わねばなりません。一体，やる気や意欲が彷彿と湧き上がってくる時はどんな時でしょうか。

　極論すれば，「自分のやりたいことが自分のやりたい方法でできる」時ではないでしょうか。「自分のやりたいこと」を「自分のやりたい方法」で試行錯誤できる時，人はもっとも活発に意欲的に集中して活動するものです。それこそ，時間を忘れて，熱中して活動するものです。こうした活動の中でこそ，人は自分の得意とする「分野，領域」を獲得し，自分なりの「方法，やり方」を身につけていくに違いないのです。こうした「資質・能力」こそが何かを創造する力の源泉なのです。大人でも子どもでも，同じです。

Ⅰ　アクティブ・ラーニングのための「多様な」授業を考える

　断っておきますが，だからと言って，いつも，すべて，自分のやりたいことを自分のやりたい方法で学習活動すべきであると短絡的に考えないでいただきたいのです。また，そのようなことはありえないことです。そもそも，「自分がやりたいこと」を見つけるだけの能力は教師から学ばねばなりません。同じように，「やりたい方法」についても，言えます。

　学校教育ですから，そこには，子どもたちが身につけてほしいと考える社会や教師の願いがあります。いわゆる「基礎・基本」というものの多くが「自分のやりたいことが自分のやりたい方法でできる」能力を身につけさせる準備あるいは基礎と言ってよいでしょう。また，子どもたちは，教師や大人たちからアドバイスを受けたい，と望んでいるはずです。手本やモデルがあって，そうした能力を身につける必要性があることも，よく認識しているつもりです。あるいは，友人と一緒に協働して学ぶ楽しさや必要性も，よく知っているつもりです。学校という組織的な教育機関はそうした場であるべきです。

　問題としたいことは，「同一の学習課題」を「同じペース」で「同じ教材」を用いて追究するという現状の枠組みを前提とした「アクティブ・ラーニング」だけではない，という点です。一斉授業を前提としながらも，その枠組みを超えたところにも，「アクティブ・ラーニング」を構想しなければならないのです。これからの学校は，子どもたち一人ひとりが真に活動的，能動的に学習活動を展開することができる「多様な授業（プログラム）」を用意すべきです。そうした組織的な機会の中でこそ，知識を使って「何かができる」主体的かつ創造的な人間が育成されていくことになるのです。ここにこそ，「アクティブ・ラーニング」の革新性があると，私たちは信じています。

⑷ 一斉授業の基本構造の対極にある授業の構造を視野に入れる

したがって、ここで必要なことは、一斉授業という今までの授業の在り方を解き放し、拡大し、「多様な授業」を用意することです。ここに、「アクティブ・ラーニング」を位置付け、革新性を持たせたいのです。

次に、一斉授業の基本構造の「ほぼ」対極にある構造を持つ授業をイメージしておきたいのです。

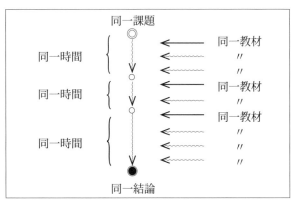

図 1-1　一斉授業の持つ基本構造（同一性）

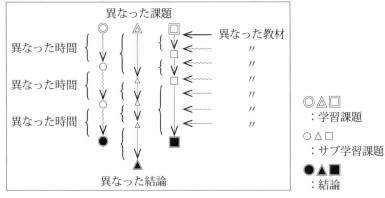

図 1-2　対極にある授業の基本構造（異質性）

I アクティブ・ラーニングのための「多様な」授業を考える

　きわめて合理的な操作ですが，一斉授業の基本構造を構成する4つの要素，すなわち，「学習課題」「学習時間・学習ペース」「教材・資料」「結論・まとめ」の持つ「一斉性・画一性」を変革していきます。変革の視点は「子どもたちに返していく」というものです。言うまでもなく，子どもたちは多様です。どの子も「違う」と言ってよいでしょう。言い換えると，これらの4つの構成要素に，「差異性・選択性」を与えていきます。「子どもは多様，子どもは違う」という観点から，それぞれの構成要素を順に変えていくと言ってもよいのです。そこには，いくつもの新しい授業（プログラム）ができ上がっていきます。

　ここでは，まず，大きくイメージを描くために，「ほぼ」対極をなす授業を考えてみます。

　まず，「学習課題」を複数にして，子どもたちが選択できるようにします。同じ「共通学習課題」ではなく，学習する課題が複数あるようにします。次に，子どもたちが自分のペースで学習できるように，「学習時間・学習ペース」に柔軟性を与えます。同時に，学習活動に用いる「教材・資料」についても，子どもたちが選択できるように，多様な「教材・資料」を準備します。当然，学習の結果は自から違ってきます。

　こうしてできる新しい授業のイメージが，一斉授業の基本構造の「ほぼ」対極にある構造を持った授業です。図に示したように，「異なった学習課題」「異なった学習時間・学習ペース」「異なった教材・資料」「異なった結論・まとめ」という基本構造を持った授業は「ほぼ」対極にあるものです。「ほぼ」と言ったのは，実は，「学習課題」「学習時間・学習ペース」「教材・資料」を自由にして，子ども自身がこれらの要素を自己決定するという授業もイメージできるからです。この図を超えたところにも，いくつかの授業がイメージできるということです。

2 アクティブ・ラーニングは，子どもたちの「イニシアティブ」にベースを置く

(1) 主体性，創造性を育む「原因感覚」を育てる

　先に，人間が真に活動的，能動的に，すなわち，やる気になって，意欲的に挑戦する時は，極端な言い方かもしれませんが，「自分のやりたいことが自分のやりたい方法でできる」時ではないかと言いました。子どもも同じです。やりきれないかもしれないという不安を抱えながら，自分の力を信じて，未知なるものに挑戦していく時です。ここにこそ，創造性と自信が生まれてくる源泉があるはずです。自分なりの発見や発明があるのです。

　私たちは，そのために，子どもたちの「イニシアティブ」にベースを置いた学習活動を組み立てるべきだと考えてきました。先に述べたように，授業を構成する4つの要素に対して，子どもたちが「イニシアティブ」を発揮できるようにしようとしてきました。これが一斉授業（一斉学習）の持つパラダイムの転換を図る私たちの方略です。

　「イニシアティブ」という英語は主導権あるいは発議権という意味ですが，今までの一斉授業，たとえ，一斉学習と言っても，「イニシアティブ」は原則として教師が握っているのです。教師が子どもたちの学習活動をコントロールしているのです。この点について，誰も指摘しないのです。なぜなら，教師は，あるいは，大人は子どもたちに主導権あるいは発議権を与えることを極度に"恐れている"のです。子どもを信用していないので，あるいは，放任になるのではないかと心配して，子どもたちに"自由"を与えてきていないのです。もし学習活動を真に「アクティブ・ラーニング」にしたいのなら，教師が握っている学習活

Ⅰ　アクティブ・ラーニングのための「多様な」授業を考える

動に対する「イニシアティブ」を，徐々に，子どもたちにも与えていくべきです。「アクティブ・ラーニング」の革新性は，まさに，ここから創造されるのです。私たちの言葉で言えば，「学習活動を子どもに返す」というモットーになります。

近代公教育は17世紀以来の啓蒙主義の延長線上に構築されてきているのですが，時代はポストモダンに移りつつあるのです。どうも，「学習活動を子どもに返す」ことに抵抗がありそうです。

私個人は，「イニシアティブ」という言葉より，より政治的な「ヘゲモニー」という言葉を使ってきました。選挙は誰に「ヘゲモニー」を持たせるかを決める政治的行動です。

では，一体なぜ，「イニシアティブ」という概念をベースに授業改革を考えるのか，ということですが，人間は「原因感覚」を自覚する時，もっともやる気が出て，意欲的になり，主体性，創造性を発揮する存在だからです。「原因感覚」とは，「自分が動かなければ，何も動かない」，すなわち，「自分こそが物事を動かしている主体なのだ」と感じる主導権の行使にかかわる感覚です。したがって，自分自身がやる気になって，意欲的に取り組まない限り，何も手に入らない，何も起こらない，ということを自覚する感覚です。イニシアティブ，すなわち，主導権，発議権を持つ人あるいは指導的立場にある人は，自らの内に，この「原因感覚」を自覚している人です。

逆に，イニシアティブが発揮できない時，人間は，容易には，「原因感覚」を自覚することができないのです。そこには，積極的な，能動的な態度は育ちません。「やらされる」「やらされている」と感じている状況の中では，消極的な，受動的な態度しか取れないのが人間です。子どもも同じです。強い表現ですが，ムチに打たれてしか動かない奴隷に成り下がってしまっている状況です。イニシアティブと積極的に，能動的に物事にかかわろうとする態度の育成とは不可分な関係にあるのです。

(2) 教育内容と教育方法でのイニシアティブを考える

　授業ですから，そこには，教え，学ぶ「教育内容」があります。知識や技能と言ってもよいと思います。同時に，教え，学ぶ「教育方法」があります。教え方や学習の仕方と言ってよいでしょう。この内容と方法をめぐって，教師と子どもたちのどちらがイニシアティブを持つべきかという観点から，基本的な枠組みを作っていきます。

　関連して述べておきますと，先に問題にした一斉授業の持つ4つの基本構成要素，「学習課題」「学習時間・学習ペース」「教材・資料」「結論・まとめ」と，これから問題とする「教育内容」「教育方法」の関係ですが，言うまでもなく，「学習課題」と「結論・まとめ」は「教育内容」とかかわり，「学習時間・学習ペース」「教材・資料」は「教育方法」にかかわる事柄です。「教育内容」をめぐるイニシアティブは「学習課題」と「結論・まとめ」に対して，教師が，あるいは，子どもたちのどちらが主導権・発議権を発揮するかということです。言い換えると，従来，教師がイニシアティブを発揮していた状態から子どもたちを解放して，子どもたち自身がこれらの要素を自己決定するという授業のイメージです。

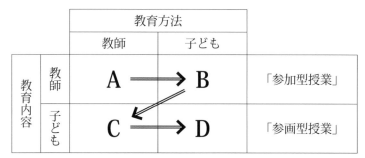

図1-3　教育内容と教育方法のマトリックス

(3) マトリックスのAとBの領域：「参加型授業」

　マトリックスのAの領域は，教師が，教える「教育内容」も，その教え方，すなわち，「教育方法」も握っている領域です。伝統的な一斉授業（一斉学習も）はここに位置付きます。

　教師は授業に先立って，何を教えるべきかを決め，さらに，どのように教えるべきかを計画します。当然すぎるほど当然で，今日まで，教師は教科書に従って指導する内容を決めてきました。同時に，どの内容にどれだけ時間をかけて教えるべきか，また，どんな教材を用いて教えるべきか，計画してもきました。もちろん，指導計画を作成する時，対象とする子どもたちのことを考えて書くことは言うまでもありませんが，一人ひとりの子どもではなく，「総体」としての子どもです。よく言われるように，「中位」にいる子どもです。もちろん，今日では，指導過程に「子どもの活動」を書く時，子どもたちの実態に配慮しますが，主には，子どもたちの理解度でしょう。具体的には，担当するクラスの子どもの学力差に気を配って作成するはずです。

　マトリックスのBの領域は，教師が教えるべき「内容」についてイニシアティブを持っているのですが，教えるべき「方法」については，対象とする子どもたちの特性に配慮する領域です。上に述べたように，子どもたちの実態，すなわち，子どもたちの理解度，学力差に配慮し，教え方を工夫することが，この領域に入るのです。

　しかし，私たちは子どもたちの理解度，学力差だけでなく，子どもたちの「学習適性」にも配慮することを考えてきました。私たちは，「指導の個別化・学習の個性化」という概念を立てて，一人ひとりの子どもの学習適性を処遇しようとしてきました。「学習適性」という概念は1960年代に考えられてきた，比較的新しい概念です。「学習スタイル」と言う人もいます。

学習適性とは子どもたちの学習に対する特性です。そもそも,「教師の教え方」が子どもたちの「学習スタイル」に合っているかどうか,「教師が計画している学習時間」や「教師が用いる教材（資料）」が子どもたちに合っているかどうかという観点から問題にしてきました。

　実は容易なことではないのですが,実践的には,その子に合った「学習材」を用意したり,その子が必要とする「学習時間」を確保することです。学習の手段や時間について,子どもの選択を認めるということと言ってもよいのです。

　「参加」とは,教師が学習課題の追究の仕方について子どもたちの「学習適性（学習スタイル）」に配慮することや,今時ですので,子どもたちが学習課題の追究の仕方について,自分なりに工夫することを加えたいのです。「参加型授業」という言葉はマトリックスのAとBの領域に属する授業モデルに対して使います。

(4)　マトリックスのCとDの領域：「参画型授業」

　マトリックスのCの領域は,教えるべき,あるいは,学ぶべき「内容」について,子どもたちの意思や希望が入り込んでくるところです。具体的には,子どもたちが学習課題を選択したり,決めたりして,自分たちが学習したいことを学習するという授業が考えられます。子どもたちが学習課題にイニシアティブを発揮して入り込んでくると,自から課題の追究の仕方についても入り込んでくることになりますが,教師の方で追究の仕方を準備したり,あるいは子どもたちが教師に相談したり,教師からの示唆を受けたりすることが考えられます。

　マトリックスのDの領域は,学ぶべき「内容」について,また,「方法」についても,子どもたちがイニシアティブを取って決めてかかる領域です。ここでも,当然,教師に相談したり,サゼスションをもらったりすることは言うまでもありません。

「参画」とは，学習する課題について，同時に，学習の仕方について，子どもたちの意思や希望が最大限入り込んでくる状態を意味します。したがって，「参画型授業」という言葉はマトリックスのCとDの領域に属する授業モデルに対して使います。

3 「参加型授業」と「参画型授業」に分けて，アクティブ・ラーニングを考える

(1) 一斉授業をアクティブ・ラーニングに作り変える

今行われている一斉授業（一斉学習）をベースにしながらも，より積極的な「アクティブ・ラーニング」に作り変える基本的な方略は，徐々に，子どもたちが「教育内容」や「教育方法」にかかわってイニシアティブを取ることができる授業に移動させていく，というものになります。

すなわち，マトリックスのAの領域（カテゴリーAとします）からマトリックスのDの領域（カテゴリーDとします）へと，Z字型に移動させる方略をとりたいのです。まず，カテゴリーAからカテゴリーBへ，次に，カテゴリーBからカテゴリーCへ，そして，カテゴリーCからカテゴリーDへと，Z字を描くように，動かしながら，一斉授業を変形し，拡大させていきます。

すなわち，22頁の図1-3におけるマトリックスAの領域（以下カテゴリーA）に位置する従来からの一斉授業は教師が教育内容も，方法もコントロールしてしまっていて，子どもたちが参加したり，企画したりする余地がきわめて限られているからです。ここでも繰り返しますが，大多数の教師たちは今の授業の枠組みの中でも，話し合い（ディスカッション）やグループ学習（グループ・ワーク）やディベートを行ってい

て，「アクティブ・ラーニング」を行っていると考えていることは承知しています。しかし，私たちは，そこでの「アクティブ・ラーニング」は限られたものにすぎず，「アクティブ・ラーニング」に革新性を与えるためには，一斉授業の持つ基本的な枠組みを拡大し，変革する必要があると考えているのです。

カテゴリーAからカテゴリーDの領域へ移動するということは，教育内容とともに教育方法に関して，教師のイニシアティブが減少し，子どもたちのイニシアティブが増加することを意味します。

(2) 教育方法の上で，教師がイニシアティブを発揮する参加型授業

AからBへ，BからCへ，CからDへ，Z字を描くように，カテゴリーを移動させ，拡大していくことが新しい授業を創るための基本的な方略であると言いました。

まず，カテゴリーAとB，すなわち，「参加型授業」の領域で，カテゴリーAからカテゴリーBに動かしていく方略を考えてみます。

繰り返しになることを承知していますが，この領域では，教師が「教育内容」をコントロールしています。すなわち，何について教えるかについて教師が決定権を握っている領域です。今日まで，当然のこととして，教師は指導内容を決めてきました。このことに疑いをはさむことはありえないことでした。

高等学校までは文部科学省が学習指導要領で教えるべき内容を明示してきます。それは検定済み教科書という形で教師と子どもたちの前に提供され，誤解を恐れないで言えば，教師は率直に言って「教科書で教える」という状況ではなく，「教科書を教える」のが現状です。

とは言え，学習指導要領の総則に明記されているように教師は，(1)地域や子どもの実態に，(2)教科の特質に応じて，指導法を創意工夫する必

要があるのです。ほとんどの教師はこの2点に配慮せず,「教科書を教えて」います。

実は,それぞれの学校はこれら2点を配慮して「学校の教育課程」を作成し,それに基づいて,教師は年間指導計画を作り,週案や日案といわれる指導案を作り,指導に当たるという在り方が本来の在り方です。

しかし,現実は,学習指導要領に基づいて認可を受けて作られた教科書をそのまま教えていると言って過言ではないでしょう。あらゆる調査が示しているように,教師の多忙さは極度に達しています。さらに,全国学力テストに加えて,地域で行われる学力テストが「教科書を教える」という体制を強化していると言ってよいでしょう。教育の画一化・統一化がますます進行していると言えます。

このことが,教師たちによる日々の授業がますます子どもたちから遠く離れていってしまっている最大の原因と言ってよいでしょう。したがって,相変わらず,不登校児が減るどころか,増加している,と言って過言ではないのです。

そこで私たちは「アクティブ・ラーニング」というスローガンに添って,「学習活動を子どもに返す」とか,「子どもたちにイニシアティブを取らせる」という原理を立てて,新しい授業を創ろうとしているのです。

(3) 子どもたちの能力・適性に対応して教育方法を配慮する

私たちは「指導の個別化」という概念で対応してきたのですが,教師は自分が教えようとする子どもたちの実態,すなわち,能力や適性を考慮して教えてきたはずです。

なにより,教師は常に子どもたちの反応を見ながら,授業を進めているはずです。一方的に,教師のペースで授業を進める教師は皆無と言いたいところです。

たとえば,OHPやパワーポイントを用いて,口頭での説明を中心と

した授業でも，教師は無意識的に，話すスペースを落としたり，重要な点は繰り返して話したりするものです。子どもたちの顔を見て，かれらの反応を察知しながら話しているはずです。また，理解度を高めるために，授業の後で質問に応じたり，あるいは，事前に資料を渡して読んでこさせたりすることもしてきたはずです。

　授業で視聴覚教材を活用したり，小グループで話し合わせたりすることは，子どもたちの適性を処遇し，理解度を高めることにつながります。もし授業中に対話することが十分できていれば，理解度はさらに高いものになるでしょう。事のついでに言っておきますと，45分あるいは50分の授業の中で，隣の友だちと，あるいは，周りの4〜6人と，5,6分「話し合わせる」という話し合い活動は，ほとんど，機能していないと認識すべきです。もしこうした短時間の協働学習を「アクティブ・ラーニング」と呼ぶのなら，そこに「アクティブ・ラーニング」の革新性は見つかりません。

(4) 教科等の特質に対応して教育方法に配慮する

　学校の教育課程は，大きく言って，3つの領域，すなわち，教科，道徳，特別活動に分けて考えられています。教科の領域は，「基礎（用具系）教科」と言われる国語，算数・数学，英語，「内容系教科」と言われる社会，理科，「表現系教科」と言われる音楽，図工・美術，体育に分けられます。統合カリキュラムに属する生活科，総合的な学習の時間は「教科等」として教科の仲間に含まれていますが，本来は，別のものとすべきです。教科に加えて，道徳と特別活動の2つの領域が存在します。これらの領域や教科群には大きな違いがあるはずですが，残念なことに，戦後の一時期を除いて，しっかり意識されていないのです。

　教科の特質に対応した伝統的な在り方は，実験や実習を伴う教科での「2時間続きの授業」です。逆に，英語の時間をモジュール化して，毎

日「15分，あるいは，25分授業」を組むという在り方です。学習指導要領は年間の総授業時数を確保すれば，学校がどのように1校時の長さを定めてもよいとしています。

　教科の特質への対応の仕方はこのように授業の時間を工夫すること以上のものです。ここには，教科等を合科したり，統合したりする対応の仕方があります。しかし，現実的には，とても"厄介なこと"です。かつて，コア・カリキュラム時代にはかなりの地域プランがあり，学校目標に対応した教科等の構成がなされましたが，今では，ほとんど消滅してしまいました。

　しかし，「はじめに」でも述べておきましたが，「キー・コンピテンシー（資質・能力）」をベースに次期学習指導要領が構成されるとなると，間違いなく，教育課程における「統合」の問題は避けて通れない問題になるでしょう。さらに，学習活動は「課題解決学習」から「問題解決学習」へと移る方向を取ることになると考えられますが，はたして，教育界にそうした力量があるのかどうか，今から心配になります。

(5) 教育内容の上で，子どもたちがイニシアティブを発揮する参画型授業

　教育内容の上で，子どもたちがイニシアティブを取ることについては，難しい問題です。原則的な言い方をすると，教科書のある教科はその余地がほとんどないと言えます。すなわち，基礎教科と言われる国語，算数・数学，英語では，教科書が取り扱っている内容が学ぶべき事柄です。それに対して，教科書の無い教科等で典型的なのは，「総合な学習の時間」ですが，むしろ，子どもたちがイニシアティブを取って，学ぶべき教育内容を決めることが奨励されているのです。すなわち，学習課題を見つけ，設定し，解決する能力を育てることが目標となっているのです。

　問題は内容系教科と言われる社会や理科です。ここに生活科も含めて

もよいと考えられます。すなわち,「生活が子どもを育てる」という原理が働いていて,内容系教科では地域素材を用いた学習活動,あるいは,地域について学ぶ地域学習が重視されてきているからです。地域素材や地域の課題を選択して学習する「課題選択学習」が可能です。学習課題は子どもにとって「身近で切実さ」のある時,子どもたちの学習意欲や追究力が高まるからです。

　現実的には,たとえ,総合的な学習の時間でも,子どもたちが学ぶ事柄を決めることを許すことはしてこなかったはずです。せいぜい,教師が前もって決めた学習課題の中から1つを選択して学習する「課題選択学習」であり,子ども自身が問う「問題」の解決を目指して学習活動を展開することはなかったと言ってよいでしょう。

　他方,今日,高度情報化社会を迎え,PCやタブレットが一般化し,今や,情報検索がきわめて容易になってきている状況です。子どもたちが自分たちで学ぶ事柄を決めて学習することを許す学習環境が整いつつあるのです。教師が教育内容をコントロールする伝統的な授業に挑戦し,子どもたちがイニシアティブを取って学習内容を決めていく領域に踏み込んでいくべき時代です。

　ここでも繰り返しますが,「アクティブ・ラーニング」がもっとも活発に能動的に展開される時は,「自分のやりたいことが自分のやりたい方法でできる」時だからです。失敗は問題ではありません。むしろ,困ったことを抱え込み,苦戦する中でこそ,人間は創造性を働かせ工夫する存在だからです。

　事のついでに言っておきますと,話し合い学習という言葉に代わって,このところ,「協働学習」という言葉がなかば強制的に導入されてきています。なぜなら,子どもたちが将来参加していく企業は「ティーム・ワーク」で動いていると言うのです。「アクティブ・ラーニング」と言いながら,「協働学習」という枠組みを前提としているのです。

また，「はじめに」の冒頭で述べたように，文科省が中央教育審議会に諮問した文章の中に，「課題の発見や解決に向けた主体的・協働的に学ぶ学習（いわゆるアクティブ・ラーニング）」とあり，「協働学習」という枠組みが前提となってしまっている観があります。
　しかし，はたして，この前提だけでよいのでしょうか。人間が真に活発で能動的に学習する時は，案外，孤立した状態の中でではないでしょうか。実は，孤立した状態でこそ創造的になれるというものではないでしょうか。そして，創造的になればなるだけ，外に向かって働きかけたくなるのではないでしょうか。どう考えても，今日の「協働学習」はあまりにも単純でかつ皮相的です。人間は，言いたいことがある時，どうしても人に言いたい存在です。子どもも同じです。協働学習はこうした自然発生的な状況の中に位置付けられるべきです。自然発生的な協働学習が理想的です。

4　アクティブ・ラーニングが行われる近未来の学校とは

(1)　地域社会に開かれたコミュニティ・スクールへ

　ここで，付け加えておきたいことがあります。それは，子どもたちがイニシアティブを取り，活動的，能動的に学習活動を展開することのできる「学校」はどのようなものか，ということです。「アクティブ・ラーニング」について考えていくことがここでの関心事ですので，当然，「授業」に焦点を当てて考えることになります。しかし，そうした授業が行われる学校とは，どんな学校でしょうか。
　結論的に言えば，"開かれた系"を持つ学校です。なにより，地域社会に向かって開かれた学校です。戦前の学校は国民を「教化」する国の

機関として位置付けられていましたから，地域に君臨する権威ある学校でした。校長や教師は権威的でした。

　私は新美南吉の後輩で，愛知県半田市に生まれ育ちました。当時の半田小学校はまさに権威ある象徴のような"威厳のある風格"を持った学校でした。校門をくぐると，大きなソテツのあるところを回って，一段と高くなったところに玄関があり，左右に校長室と職員室がありました。この第1棟には，左右に，立派な講堂と奉安殿がありました。続いて，第2棟以後，学年ごとに，4棟あり，私たちは各棟のわきから教室に入りました。

　校長先生は間瀬勘作と言って，第一師範学校卒で，校長になって30年近い先生ということでした。戦後の貧しい時代でも，先生方はしっかりした身なりだったと記憶しています。

　それに対して，30年ほど前に建て替えられた現在の学校は，ごく普通のコンクリートの校舎で，立派だった講堂は取り壊され，ごく普通の体育館が立てられました。そこには，威厳さは全く感じられません。と言って，民主主義にふさわしい"きらくさ"や"開放感"があるとも言えないのです。

　子どもたちが「アクティブ・ラーニング」を行う近未来の学校は，まず，地域社会と子どもたちに向かった"敷居の低い""開かれた"存在でなくてはならないでしょう。子どもたちは地域に出て学ぶことが多くなるでしょう。また，地域のみなさんがボランティアとして子どもたちの学習活動を支援してくれることになるでしょう。

　今日，「地域運営学校」と呼ばれる組織が発展し，地域社会にもっと近い存在になっていくべきでしょう。

(2)　学校とその教育課程を「開かれた系」に作り変える

　子どもたちが「教育内容と教育方法」についてイニシアティブを発揮

し，真に活動的，能動的に学習活動を展開する学校は，次の4点から見直され，開放されなければならないでしょう。

1) 教室を開いて，教師はティーム・ティーチングを行う

現在の教室はしっかり閉じられていて，他の人を寄せ付けない形状です。それは"わたしの学級"という親密観を育てるのに有効ですが，外側にいる人たちを排斥します。かつては，校長ですら，教室に入ることができない時代がありました。唯一外から中を見ることができる入り口のドアにある硝子に紙を張り付けて，中を全く見ることができない教室すらありました。教室はホーム・ルームとしての機能を維持しながらも，外に向かって開放されるべきでしょう。

「アクティブ・ラーニング」を行う近未来の学校では，まず，教師同士が協働して教育に当たるティーム・ティーチングが行われるでしょう。実におかしなことですが，子どもたちには協働することを求めながら，教師は他の教師と協働することを拒否しているのです。教師の身勝手というものでしょう。そもそも，学校は組織体ですし，1人では大したことはできないのです。教室を開いて，隣の学級と協働することができるようにすべきです。

2) 学習時間を柔軟にしてフレキシブル・スケジュリングを導入する

どうして，小学校の授業時間は45分で，中学校のそれは50分なのか，大した理由はないのでしょう。中国では40分ですし，フィリピンでは20分ですが，中国には30分を授業時間とする地方もあります。多分，その土地の気温と子どもたちの集中力を考慮して決められたのでしょう。それでも，作業や実験・実習のある教科は2時間続きという学習時間です。

しかし，子どもたちが真に活動的で，能動的に学習し始めると，こうした固定された学習時間は子どもたちの学習活動を阻害するものとなり

かねないのです。まずは，モジュラー・スケジュリングということが考えられるべきでしょう。1つのモジュールを10分，15分，20分とし，その倍数で授業時間を決めていく在り方をモジュラー・スケジュリングと言います。

さらに，子どもたち「一人ひとり」のニーズを配慮すると，本来，一人ひとり違った学習時間が組まれるべきです。こうした在り方をフレキシブル・スケジュリングと言います。今日では，コンピュータで個人別学習プログラムを組むことは難しいことではありません。

3） 教科，道徳，特別活動を「インテギュレーション（統合）」する

学習指導要領は教科，道徳，特別活動の3つの領域から構成されています。教科は国語，社会，算数・数学，理科，生活，音楽，図工・美術，技術・家庭，体育，英語，総合的な学習の時間から構成され，総合的な時間を除いて，教科書ができています。小学校は学級担任制で，原則，一人の学級担任がすべての教科を指導します。したがって，教育課程の全体に目が行きやすいのですが，中学校や高等学校は教科担任制で，自分が担当する教科以外には目が届きにくい状態です。高等学校では，さらに細分化していて，教師は担当する「科目」には強い関心を示しますが，他の教科や科目には関心がないという教師もいます。一口に言って，教師は教科主義です。

しかし，子どもたちにとっては，物事は1つの塊になっていて，教科に分かれて見えているわけではないのです。たとえば，毎日飲むミルクですが，ミルクの栄養価については家庭科，流通過程や値段は社会科で，乳牛のエサは理科や家庭科の話であると分けて捉えられているわけではないのです。

となると，子どもたちが自分の興味や関心から学習課題を決めて学習すると考えた時，特に，自由課題学習や自由研究学習をする時，教育課

程における統合（インテギュレーション）の問題を考えなければならないと考えられます。合科的指導や総合学習的なアプローチを取り入れざるを得なくなります。このことは，同時に，それぞれの学校は子どもたちの興味や関心を取り込んだ特色ある教育課程を編成しなければならないことになります。

4） 学年の枠を超えた「ノン・グレイドなアプローチ」も採用する

　近代学校は「学年制（グレイド）」を敷いています。生まれた年が同じということで，同じ学級集団に属します。しかし，そもそも，同じ年に生まれたというだけで，能力も適性も違います。したがって，関心の広がりも成長・発達のスピードも違います。にもかかわらず，近代学校はこうした違いを無視して組織されているのです。近代学校ができる前の寺小屋は「無学年制（ノン・グレイド）」でした。

　子どもたちの世界は，家庭でも地域でも，本来，「学年」という枠を超えています。当然，兄弟姉妹は年齢が違います。外で遊ぶ時も，異年齢で遊びます。にもかかわらず，学校だけが「学年制」を取っています。同年齢という学級集団の利点はもちろんありますが，登校してくる時のように，異年齢の間での学び合い，助け合いも重要です。

　「アクティブ・ラーニング」を行う近未来の学校は，今日の学校が"閉ざされた系"の上にあるのに対して，"開かれた系"の上に立つことになると考えられます。したがって，今日の学校は，一挙には無理ですが，徐々に"開かれた系"に向かって改革されねばならないでしょう。

　ここでは，授業の在り方を問題にして進んでいきますが，授業が行われる学校という枠組みも考えておきたいと考えます。

Ⅱ
アクティブ・ラーニングのための10の「授業モデル」

・・・・・・・・・・・ プロローグ ・・・・・・・・・・・

　「アクティブ・ラーニング」の目指すところは「変化してやまない，答えのない今後のグローバル社会に生きていくために必要な資質・能力」，すなわち，「自立した人間として，多様な他者と協働しながら創造的に生きていくために必要な資質・能力」の育成にあると言われます。こうしたねらいを持つ「アクティブ・ラーニング」を真に活動的，能動的な学習活動にするためには，一斉授業の持つ「学習課題」「学習時間・学習ペース」「教材・資料」「結論・まとめ」という画一性・一斉性を「子ども（児童生徒）」という視点から変化させていくことが必要です。

　参加型授業は主に「学習時間・学習ペース」と「教材・資料」を，参画型授業は主に「学習課題」と「結論・まとめ」を「子どもの視点」から変化させて創ります。

　「子どもの視点」から「多様な」授業を創っていくと言っても，そこには順序があるのです。繰り返しますが，Ⅰ章の3節でカテゴリーAの領域からカテゴリーDの領域にZ字を描いて作り変えていくと言いました。それは学習活動を「個別化・個性化」してきた教育実践に従っていると，考えていただいてよいのです。

　よく知られているように，「画一性・一斉性」を持った一斉授業は，19世紀末から20世紀初めにかけて成立してきた「学年制」という教授組織とともに，確立してきた歴史的産物に過ぎません。それは同じ年に生まれたという理由から同じ学年に所属し，一緒に学習していく制度です。しかし，子どもたちの能力や適性は違います。したがって，「学年制」をベースにした授業には限界があり，成立の初期から，子ども一人ひとりの成長を願う「個別化・個性化」を目指した教育実践からの挑戦を受けてきているのです。

1 「参加型授業」モデル

(1) 第1の授業モデル「補充指導」（マスタリー学習）

　最初にはっきり言っておきたいことがあるのです。それは，子どもたちを真に活動的に能動的に学習させたいと考えるなら，近代学校教育が抱える次のような根本的な課題に挑戦しなければならない，ということです。

　一斉授業の最大の課題は，教師たちがいろいろと創意工夫をこらしてきているのにもかかわらず，いわゆる「落ちこぼれ（授業についていかれない子）」を作り出し，結局のところ，授業が日々進行してしまってきているという課題です。

　学年制を敷く今日の学校では，学級は暦年齢が同じ子どもたちで構成されています。暦年齢は同じですが，子どもたちの能力も，適性も大きく違うのです。しかも，学年が高くなるにしたがって，この違いは大きくなるのです。

　1つの考え方は，学力差は学年の幅に匹敵するというものです。たとえば，第6学年の場合は，学力差は6年間の学力差の累積というわけです。一般的な在り方としては，上位に属する子どもの学力の方は問題とされていませんが，下位に属する子どもたちは「落ちこぼれ」という言葉で呼ばれ，大いに問題になってきています。「アクティブ・ラーニング」は，当然，この根本的な課題に挑戦すべきです。

　また，きわめて単純明快な理由から，第1の「補充指導」，第2の「学力別指導」（次項）を，「アクティブ・ラーニング」を目指す授業モデルに加えています。その理由とは"できた"という達成感こそが子どもたちを学習に"アクティブ"に駆り立てる原動力に違いないからです。

すなわち，一人ひとりの子どもに学力が保障されてこそ「アクティブ・ラーニング」が期待できるのです。教えられる内容が理解できてこそ，"アクティブ"にふるまえるに違いないのです。言うまでもなく，「落ちこぼれ」と言われる子どもたちに「アクティブ・ラーニング」を期待することはできない相談です。

　最初の授業モデルは「一斉指導＋補充指導」というものです。一般には「マスタリー学習」と言われますが，「補充指導」がそれに先行して行われる「一斉指導」を補強・強化するものと期待されますので「リインフォース指導」と名付けてもよいかと考えます。

　プロローグで述べておきましたように，学校制度が整備され，確立していった過程で，学級は同一暦年齢の子どもたちで構成される「学年制」が成立していきました。しかし，暦年齢は同じですが，子どもたちの能力・適性は同じではなく，「学年制」の中での授業では「到達度・学力」に差が出てくることが避けられません。このことに，私たちは「指導の個別化」という概念から常に挑戦してきました。

　もちろん，一斉指導を補充する補充指導がいろいろな形で行われてきたことは言うまでもありません。特に戦前は，ほとんどの学校で放課後の補充指導が行われていました。しかし，今日，補充指導は次のような問題を抱え，ほとんど実践されなくなっています。

　1つは，どこで補充指導を行うかという時間と場所の問題です。なにより，補充指導のための時間を取るところが日課表にないのです。

　もう1つは，時間と場所が取れたとしても補充指導を担当する指導者がいないし，指導方法が研究されていないのです。

　さらに，1つは，特に放課後の補充指導は，「居残り組」と揶揄されて，差別されるという問題です。結果として，「落ちこぼれ」と考えられる子どもたちに何の有効な指導も行われていないのが現状です。

　結局のところ，保護者たちや子どもたちは学習塾を頼っています。当

然，保護者の関心の高さと教育費の支払い能力が反映し，学力差は縮小するどころか，より拡大しているのが現状でしょう。

学校はこの第1の授業モデル「補充指導」にもっと真摯にこだわり，可能な限り試みるべきです。今日，最も必要とされ，かつ，挑戦に値する授業モデルではないでしょうか。

たとえ，日課表の中に補充指導のための時間と場所が取れたとしても，指導者が確保できないとすると，結局のところ，1つの単元あるいは小単元の展開の中に，あるいは，1つの授業時間の中に補充指導の機会を設けるという在り方になります。私たちは，かつて「ゆとりの時間（学校裁量時間）」を活用して「補充指導」を日課表に位置づけたことがありますが，今では，「ゆとりの時間」は無くなってしまい，その上，教師の多忙化の波の中で「補充指導」を行うことは不可能になってしまいました。

もう1つ私たちは，補充指導の方法を工夫し，先行して行われる一斉授業でとられた指導方法とは違った指導方法を試みてきました。補充指導では，「学習課題」を基礎的なものに絞り，一人ひとりの子どもの「学習ペース」に配慮し，子どもたちの「学習適性」に合わせた「教材・資料」を用いようとしてきました。

(2) 第2の授業モデル「学力別指導」（アビリティ・グループ学習）

次に，第1の授業モデル「補充指導」の延長上に位置する「学力別指導」モデルについて考えます。この授業モデルは，「学年制」をベースとする近代学校の中では，常に再起してきている授業の在り方です。

繰り返しますが，学年進行とともに学力差が大きくなり，特に，指導内容に強い系統性を持つ「用具系教科」すなわち，国語，算数・数学，英語などでは，落ちこぼれていく子どもたちが多くなっていきます。子どもたちが不登校児になる最大の原因は「学力不振」と言われています。

Ⅱ　アクティブ・ラーニングのための 10 の「授業モデル」

　この拡大する学力差に対応する授業モデルとして，学力別あるいは能力別指導が考えられます。学年あるいは学級の中で，たとえば，上位・中位・下位の学力別グループを編成し，学力に応じた指導をします。欧米諸国の中学校や高等学校では，学力別「学級編成」が一般的ですが，日本では，差別感が生じるとの懸念から学力別学級編成は行われてはいません。

　グループ間，あるいは，学級間に差別感が生じるという理由で，このモデルには反対が強く，実際に，採用されているケースは多くないと思われるのですが，実のところ，たとえば，「上位，中位，下位」の 3 つのグループを編成して「学力別指導」を行うためには，3 つの異なった指導計画を立てなければならず，このことが本当の障害になっているとも考えられます。また，誰が「下位」グループの指導に当たるのか決められず，このことが本当の障害になっているとも考えられます。さらに，学力別指導の結果が不揃いになり，学習管理が難しくなることが予想され，このことも本当の障害になっているとも考えられます。

　第 1 の「補充指導」も，この第 2 の「学力別指導」も，このところ，試みられることすらないのですが，他方で「協働学習」に，学力差に対応する指導が期待されているように見えます。また，「協働学習」は「アクティブ・ラーニング」の切り札のように喧伝されていますが，そこには，子ども同士の"助け合い"が強く期待されていると言ってよいでしょう。英語のコオパラティブという語が，共同や協同という語ではなく，協働と訳され，日本的文脈の中でより一層"助け合い"というニュアンスが高められたように聞こえます。きわめて，情緒的な対応ではないかと考えられます。

　はたして，この「協働学習」に頼って，どこまで学年の進行とともに拡大していく学力差に対応できるものでしょうか。第 1，2 の授業モデルが"実施しにくい"という理由から避けられ，繰り返しますが，「落

ちこぼれていく子どもたち」にほとんど対策が講じられていないのですが，どう考えるべきでしょうか。上で述べておきましたが，学年制を採用している今日の学校が抱える最大の課題です。

　思いきって，根本的な解決を目指すなら，用具系教科に限定したうえで，「無学年制」を導入してみてはどうか，と考えます。コンピュータの時代を迎え，子どもたち一人ひとりの学習活動の組織化とその管理は容易なことになりました。発達のペースは子どもたち一人ひとり違うことを前提として，子どもたち一人ひとりの発達を図ることを考えるべきです。コンピュータ支援の「個別学習プログラム」も考えられるべきです。

(3) 第3の授業モデル「反転授業」（フリップ・オーバー学習）

　この授業モデルを「アクティブ・ラーニング」のためのモデルに加えた理由は，本番の授業の前に，本番の授業への動機づけ，意欲づけのための活動を用意し，本番の授業を「アクティブ」なものにしようと試みているモデルだからです。子どもたちに意欲がない，やる気がないと嘆く教師は実に多いのですが，では，一体どんな工夫をしているのか，教師たちに問うと，その答えがきわめて貧弱です。「本時の目当て（目標）をはっきり意識させるようにしている」といった程度の答えが一般的ではないでしょうか。

　今では，この見慣れない表現の授業名は英語のフリップ・オーバー（ひっくり返された）から来ていることはよく知られています。第1の授業モデルは「一斉指導」に続いて，一斉指導を補充し，強化する目的で，「補充指導」を行うというものですが，この授業モデルは一斉指導に先立って，一斉指導を補充し，強化する目的で「アサインメント（予習）」を課して，事前に課題意識を喚起したり，動機づけを行おうとするものです。

初めは大学の授業について用いられた言葉です。スタンフォード大学医学部教授であるチャールズ・プローバーの「反転授業」がこのモデルの原型です。医学部の例ですが，具体的には次のような授業です。「講義の内容を10分から15分の映像にまとめて自宅や空き時間に視聴できるようにし，授業では患者の臨床事例や生理学的知識の応用を中心とした対話型の活動をするというもの」だそうです。

　大学の文系学部や学科では，アサインメントとして，よく決められた教科書の章や節を読んで，まとめてくる作業が課せられます。こうしたアサインメントを「講義の内容を10分から15分の映像にまとめたもの」とすれば，文系学部や学科でも「反転授業」ができてきているはずです。

　実は，この反転授業はすでに2000年に，私が学んだウィスコンシン大学ではコンピュータ科学の授業で，また，マイアミ大学では経済学の授業で実施されたものです。それまで講義のあとの「復習」としてアサインメントが出されていたので，アサインメントを講義に先立って「予習」として課し，講義はアサインメントを前提として行うという形です。こうすれば，アサインメントが学習への動機づけになり，課題意識を喚起させる「アドバンス・アナライザー（事前学習指標）」になるというわけです。さらに，講義について「メタ認知」を形成することにもなるというわけです。

　ICT時代の今日では，いつでもどこでも，何回でも，簡単に映像に接することができるようになってきています。もう1つ別の例ですが，「ジャスパー型課題づくり」授業もこの反転授業に属します。

　この授業の在り方は興味のあるものですが，はたして，小学校や中学校で行うことができる授業モデルかどうか，ということです。「学修」することが期待されている大学生にこのモデルの授業はできても，はたして，「学習」が期待されている学校教育で可能なモデルかどうか，検

討する必要があります。

　ここでも，第1のモデルと同様に，1つの単元あるいは小単元の展開の中で，あるいは，1つの授業の中で，反転授業のアイディアを活かすことを考えるべきではないかと考えます。単元の初めの授業，あるいは，授業の前半の学習が「アドバンス・アナライザー」になるように，あるいは，「メタ認知」の育成につながるようにすることを考えるべきではないか，と考えます。

　このところ，佐賀県武雄市が小学校のICT教育プログラムの中で「反転授業」を行っていますが，次のような第2次検証結果が公表されています。「家での学習時間や学習意欲の変化はいずれも60％近くが『変化がない』」というものです。（佐賀新聞，2015年9月29日）

(4)　第4の授業モデル「一人学習」（マイペース学習）

　今日では，「協働学習」が当然のことのようにどこでも強調されてきています。「アクティブ・ラーニング」も「協働学習」を前提として考えられているようです。しかし，「アクティブ・ラーニング」をグループでの話し合い活動（ディスカッション），グループ・ワーク，集団によるディベートに限定する必要はないのです。企業での働き方がグループ・ワークをベースにしているからという理由ですが，「一人でやりきる能力や態度」の育成もきわめて大切です。自分が納得するところまで追究する力，自分のこだわりを最後までこだわりぬく態度は大切です。こうした独立自尊的な態度ができてこそ学習活動（ラーニング）に「アクティブ」に挑めるのではないでしょうか。これが「一人学習」モデルを「アクティブ・ラーニング」に加えた理由です。

　もう1つ，「一人学習」モデルを「アクティブ・ラーニング」のための授業モデルとして加えた理由は，学習者一人ひとりに自らの「学習ペース」や「学習リズム」を刻むということを保証するものだからです。

Ⅱ　アクティブ・ラーニングのための 10 の「授業モデル」

　一斉授業（一斉学習）では，それがもつ「一斉性」ゆえに，学級の全員と同じペースで学習していかねばなりません。そこでは，学習者が持つ「学習ペース」や「学習リズム」はかき消されてしまっています。まるで運動会の一斉行進のように，子どもたちは一斉に学習していくことが当然のことかのように仕組まれています。しかし，一人ひとりの子どもは自分なりの「学習ペース」や「学習リズム」を持っているのです。「ゆっくりしか考えられない子」「速く進んでいくことができる子」「緊張して学習に取り組む子」「あまり気にせず学習に取り組む子」など，子どもたちはいろいろな「学習ペース」や「学習リズム」を持って学習しているはずです。

　真に「アクティブ」な学習活動を目指すなら，一人ひとりの子どもの持つ「学習ペース」や「学習リズム」を可能な限り保障してやる必要があり，そのためには，「一人学習」授業モデルが重要になります。したがって，「マイペース学習」とも呼びます。

　この第 4 の授業モデルの目指すところは「自力解決力」の育成です。したがって，「自力解決学習」と名付けることもできます。もちろん，教師からの支援を受け，友だちと相談することもあるのですが，原則として，自分の力で学習していく授業です。時代は ICT の時代です。学校では一般化していませんが，e-ラーニングは「一人学習」の典型です。

　言うまでもなく，コンピュータの機能を活用すれば，一人ひとりの子どもを考慮した「学習課題」を提供することは容易です。また，フィードバックをかけることも容易です。また，一人ひとりの子どもの「学習ペース」を確保し，また，学習適性の適応した「教材・資料」を提供することも容易です。e-ラーニングは優れた「個別学習プログラム」で，第 1, 2 の授業モデルが挑戦しようとする「到達度差・学力差」への対応に，今後，大いに用いるべきです。

写真 2-1 一人学習（小学校）

写真 2-2 一人学習（中学校）

　また，この授業こそ，「原因感覚」を育てる場所として適切な場所はないでしょう。原則，誰も何もしてくれません。自分が動かねば何も動かないのです。当然，「自力解決学習」は試行錯誤しながら「マイペース」で進行していきます。すなわち，学習時間を自ら管理していかねば

なりません。「原因感覚」は「時間感覚」と言ってもよいものです。時間に関する「メタ認知」と言い換えることもできます。したがって，「マイペース」で学習していく「一人学習」は時間に関して敏感な子どもを育てることになります。物事を一定の時間内でやり遂げること，中途半端な状態で放り出さないことなどといった態度を育てることが期待されます。

　同時に，学習活動に用いる教材や資料に関して「メタ認知」を育てることにもなります。「観察と推論」を繰り返していく課題解決活動に用いる教材や資料に関して，常に，敏感でなければなりません。自分で，あるいは，教師や友だちに相談して，課題解決に最も適切な教材や資料を選ばねばなりません。今見ているコンセプト・フィルムからどのような情報を得ようとしているのか，また，得られるであろう情報をどのように課題解決活動に生かすべきか，常に，敏感でなければなりません。すなわち，「一人学習」は教材や資料を活用する能力・態度を育てることにつながります。

(5) 第5の授業モデル「二人学習」（ペア共同学習）

　この授業モデルを「アクティブ・ラーニング」のための授業モデルとして加えた理由は，やはり単純明快で，学習活動が"楽しいもの"になるからです。人間は"楽しいから"アクティブになるといった存在です。子どもも当然同じです。このモデルに属する学習を「二人共同学習」や「ペア共同学習」と呼ぶことができます。"共同"は2人で力を合わせて共同して学習する状態で，3人以上のグループで協同して学習する状態を"協働"と分けて考えておきます。

　今日，協働学習の重要性が指摘されてきていますが，最初の協働学習は2人での「ペア共同学習」です。社会生活の多くの場面で，人間は2人で組んで活動します。言うまでもなく，家庭生活は男女のペアでの活

写真 2-3　二人学習（小学校）

写真 2-4　二人学習（中学校）

動が基本です。発達段階にもよりますが，特に小学校では，不登校にならないためには「親しい友だちが1人いること」が大切です。「二人学習」はこうした生活指導の側面を含んでいます。

　さらに，多分，小学校5年あたりから中学2年あたりまでは，「男女のペア学習」がもっとも適切な時期なようです。大きく言えば，男女参画社会の基礎はこの時期の「男女のペア学習」にあると言ってよいでしょう。欧米諸国の学校制度では，小学校は第4，あるいは，第5学年までで，第5，あるいは，第6学年から中間学校（ミドル・スクール）となっています。小学校と高等学校の中間にあって，両者の間の"橋渡し"の役割を担っています。

　2人のペアをどう作るかは問題です。一般に物理的に「隣同士」でペアを作りますが，本来，「好きな子同士」というペアを作ることが望ましいのです。1人で，あるいは，数人で学習していくのではなく，すべて2人で相談しながら活動する学習です。学習活動が"自然と楽しいもの"になります。授業の途中で時々「隣同士」で話し合ったりする学習はよく行われるのですが，学習の初めから終わりまで，常に，好き同士の2人で進める学習活動です。もちろん，好きな友だちがいない子どももいるでしょう。そうした子どもに対して，教師は積極的に「ペアづくり」に関与すべきです。

　それにしても，今の教室空間で，毎日毎時間，同じ指定席（自分の席）で学習するという在り方は「二人学習（ペア共同学習）」には不向きです。もちろん，次に述べる小グループ学習にも，不向きです。多目的スペースや図書室，空き教室を活用して，学習すべきです。このことについてはV章で詳しく述べる予定です。

(6) 第6の授業モデル「小グループ学習」（グループ協働学習）

　「二人学習」に続いて，数人での「小グループ学習」です。社会生活

の多くの場面で，人間は数人で組んで活動します。特に，企業活動では，「小グループ」で活動することが多いのです。子どもたちの発達段階からしても，小学校の高学年あたりから，「小グループ」で活動することが多くなってきます。その中で社会的なルールを学ぶようになるのです。「二人学習」と同じように，「小グループ学習」はこうした生活指導の側面を含んでいます。

同時に，「小グループ学習」は各人が「決めたことに協働して責任を持って遂行する」という連帯感を前提として成り立つ学習活動です。「小グループ学習」が真に活動的，能動的なアクティブ・ラーニングになるためには，小グループで活動する楽しさとともに，厳しさが伴います。

かつては，共同学習とか，協同学習という言葉が用いられていましたが，今日では，英語の「コオパラティブ・ラーニング」を模して，協働学習という言葉が用いられてきています。

繰り返しになることを承知ですが，「アクティブ・ラーニング」は「協働学習」であるとまで言われてきています。企業はグループ・ワークで動いているという理由からです。「小グループ」によるディスカッション（話し合い），グループ・ワーク，ディベートを行うべきだと言うのです。言うまでもなく，「小グループ」で協力して学習することは重要です。誰も否定しないでしょう。しかし，「アクティブ・ラーニング」は，上に見てきたように第1から4までの授業モデルを考えても，もっと広い概念です。学校は企業ではないし，協働学習は重要だとしても，もっと多様な協働学習があるべきです。率直に言って，フォーマン（班長）が数人のワーカー（労働者）を束ねるモデルはかつての「班づくり」「核づくり」を目指した小集団学習と同じではないでしょうか。

小グループによる協働学習が真に「アクティブ・ラーニング」となるためには，次のような問題があります。すなわち，小グループによる協

Ⅱ　アクティブ・ラーニングのための 10 の「授業モデル」

写真 2-5　小グループ学習（小学校）

写真 2-6　小グループ学習（中学校）

働学習は何を目指して，どのように活動すべきか，はっきりさせねばなりません。

　まず，協働するメンバーは課題に対する共通認識を共有する必要性があります。課題意識と言い換えてもよいのですが，課題の持つ意義や課題の広がりについて共通に認識している必要性があります。

　次に，協働するメンバーは課題の解決を目指すための分担や手順について共有する必要性があります。誰が，あるいは，誰たちがどの課題を分担し，どのような手順で解決を図り，その結果をどうまとめていくのか，可能な限り，明確にして始める必要があるのです。この分担と手順には，当然，それぞれのサブ課題に対する時間配分や，そこで用いる教材や資料についての検討も含まれます。また，追究の途中で，再調整する必要性も生じます。

　このような協働学習を行う小グループ編成が難しいことは，今まで行われてきている「話し合い（ディスカッション）」活動を考えれば，よくわかります。一般に行われているグループ編成は，きわめて機械的に，席の近い4人というものです。時に，6人というグループ編成もなされます。ここでも，「二人学習」のところで指摘しておいたように，子どもたちは教室という学習空間の中で「自分の席」と呼ばれる指定席に座っていて，このような状態の中で小グループが編成されているからです。しかも，「話し合い」活動が5分程度の短さです。このような「話し合い」活動が生産的であるはずがないのです。極端な言い方であることを承知で言いますと，教師の指示した事柄に適当に反応しているにすぎないのです。時に，無駄話をして終わっている小グループもあるのです。小グループによる協働学習を真に「アクティブ・ラーニング」の場にするためには，グループ編成は再考しなければなりません。

Ⅱ　アクティブ・ラーニングのための10の「授業モデル」

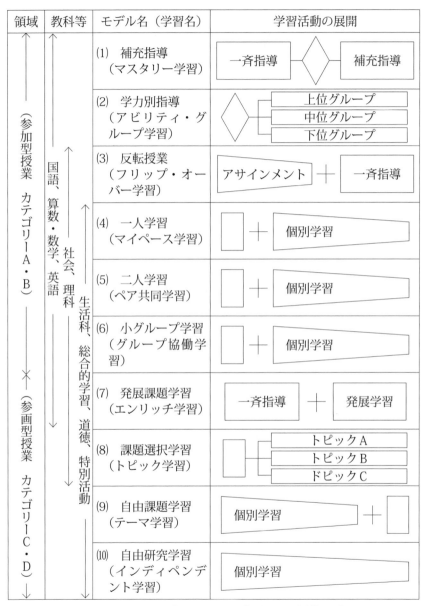

図 2-1　アクティブ・ラーニングのための授業モデル

2 「参画型授業」モデル

(1) 第7の授業モデル「発展課題学習」(エンリッチ学習)

　念のため繰り返して強調しておきたいことがあるのです。それは，子どもたちを真に活動的に能動的に学習させたいと考えるなら，学習方法だけでなく，学習内容についても，子どもたちが"イニシアティブ"を取ることを認めなければならないということです。「参加型授業」と「参画型授業」の違いはここにあります。

　「参加型授業」と「参画型授業」の違いについては，Ⅰ章の3節（25頁）にまとめて述べておきましたように，前者はカテゴリーAとBの領域に，後者はカテゴリーCとDの領域に属する授業というものでした。ここでは，「アクティブ・ラーニング」にとって重要な観点ですので，もう1つのことを付け加えておきたいのです。学習活動をめぐって「参加」と「参画」の違いと言ってよいことです。

　Ⅰ章の2節（20頁）に，「アクティブ・ラーニング」は「原因感覚」という態度を育てる場になると言っておきましたが，子どもたちが「参加」から「参画」に加わることによって，「課題専心」という態度を育てる場にもなると言っておきたいのです。「課題専心」とは，学校での学習という場面だけでなく，学校を離れても常に自分たちが解決しようと苦心している「課題」のことが気になっている状態を意味します。俗な表現ですが，頭から離れず，時折，今まで行ってきたことを反省したり，次にやるべきことに思いを致したりする状態です。関心とか，こだわりが継続していることで，子どもたちの主体性，自主性を育むもう1つの源泉です。「参画」したが故に期待される態度形成です。

　「発展課題学習」モデルは「補充指導」モデルと対をなすものです。

Ⅱ　アクティブ・ラーニングのための10の「授業モデル」

一斉授業の後に，発展的な学習課題を提供し，学習させるという授業の在り方です。よく知られているように，今の教科書には補充問題と同時に発展問題が用意されています。したがって，このモデルは直ちに実行可能なものです。ただし，子どもたちが「教育の内容」にもイニシアティブを発揮するという「参画型授業」のモデルとしては，発展課題を選択できるようにすべきです。そうすることによって，発展課題の1つに集中して学習できるようになるからです。子どもたちに発展課題そのものを作ることを認めるのには，「発展課題学習」の時間が短いのではないかと考えられます。

(2)　第8の授業モデル「課題選択学習」（トピック学習）

　実のところ，「課題選択学習」という言葉は一般化しているように思われますが，実際に「課題選択学習」が行われているかどうか，疑われます。上級学校への入学試験がペーパーテストであり，教科書が取り扱っている内容のすべてから出題されるとなると，複数の課題（トピック）からある1つの課題を選択して，その課題にのみ集中して学習するという在り方は"偏り"を生み，現実的でなくなります。

　たとえば，小学校の3，4年の理科で『生き物』について学ぶ時，学習の対象としてトンボでも，コガネムシでも，バッタでも，カブトムシでもよいのです。昆虫が節足動物で，環境に適応して生きていることが理解できればよいのですが，教科書で取り扱われている昆虫はすべて，しかも，同じレベルで学ばなければならないと考えられているのです。同じように，中学校の社会科（歴史的分野）で，江戸時代の『幕藩体制』について学ぶ時，武家諸法度，参勤交代，元禄文化（たとえば，近松門左衛門の浄瑠璃）について，すべて，学ぶことになっています。しかし，「幕藩体制」について理解するためには，どれか1つを深く追究する方が「封建制度を象徴する厳しい身分関係や忠孝関係の中での生

活」について理解できます。しかし，入学試験にどの項目が出題されるかわからないという理由から，すべて，一通り学習したことにするというのが実態です。実は，このことは単に受験制度の問題ではありません。「教科書の内容」は国民全員が知っていなければならない共通の知識である，というエッセンシャリズムの持つ文化的リテラシーという考えが背景にあるのです。

　次のことは「参画型授業」のねらいです。繰り返して言えば，「参画型授業」では子どもたちが「教育内容」についてイニシアティブを発揮してきます。自分があるいは自分たちが学びたいと考えることを学ぶようになってきます。もちろん，「教育方法」についても同様です。Ⅰ章の冒頭に述べたように，「自分のやりたいことが自分のやりたい方法でできる」ようになってきます。学習活動（ラーニング）がますます活動的，能動的（アクティブ）になってきます。このことは子どもたちに「自分が得意とする分野」と「自分が得意とする方法」を形成する機会を与えます。私たちはこうした教育の働きを「学習の個性化」と名付けてきました。

　上に上げた中学校社会科の歴史的分野の例がわかりやすいのですが，もしある生徒が『幕藩体制』という単元で，「武家諸法度」という課題を選択し，集中して学習し，『明治維新』の単元で，「5箇条の御誓文」という課題を選択し，集中して学習するとします。こうした法制度的なテーマを選択し，集中して学習することによって，“法制度”について深く理解をするようになり，“法律”分野を自分の得意分野としていくことができるといったものです。

　同じことが探究する方法についても言えます。先に上げた小学校の理科の例で言えば，『生き物』の単元で，3年の時も，4年の時も“観察”を通して学び，“観察”という手法を学ぶことによって，“観察”するという探究の方法を自分の得意な方法として確立していくことができるの

です。

　「課題選択学習」は，文字どおり，教師が示したいくつかの課題の中から子どもたちは1つの課題を選び，その課題について集中して学習します。個人として選び，「一人学習」とすることもあるでしょうし，2人で選んで，「二人学習」とすることも，小グループで選んで，「小グループ学習」とすることもあるでしょう。

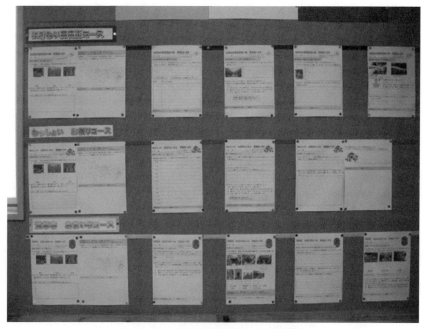

写真2-7　課題選択学習（小学校）

(3)　第9の授業モデル「自由課題学習」（テーマ学習）

　「課題選択学習」と「自由課題学習」の違いは次のようです。前者は上に見てきたように，教師がいくつかの課題（トピック）を提示し，子どもたちがそのうちの1つの課題を選択して学習していきます。それに対して，後者は子どもたちが自由に課題（テーマ）を決めて学習して

いくという在り方です。便宜的ですが、前者の課題をトピックとし、後者の課題をテーマとして、区別しておきます。

前者では、小学校の理科で『昆虫』について学ぶ時、教師がコガネムシ、バッタ、カブトムシという学習課題を提示し、子どもたちがそのうちの1つ、たとえば、バッタを選択し、集中して学んでいきます。それに対して、後者では、子どもたちは自分に関心のある昆虫、たとえば、カマキリなど、自由に選んで学習していくのです。前者では、中学校の歴史的分野で『封建制度の確立』について学ぶ時、教師が武家諸法度、参勤交代、元禄文化という課題を提示し、子どもたちが1つを選んで学んでいくのに対して、後者では、たとえば、子どもが自ら地元にある「お城」を選んで探究していくのです。

選択の幅が広がり、自分が探究したいと考える課題について学習できることになり、当然、子どもたちはより活動的、能動的に学習するようになります。また、そこには"自分が選んだ、決めた"ということに依拠する責任感も期待できるというものです。

ここでも付け加えておけば、「自由課題学習」は「一人学習」でも、「二人学習」でも、また「小グループ学習」でも可能です。それこそ、「自由課題学習」ですから、個人として、あるいは、ペアを組んで、また、数人のグループで学習することも子どもの選択に委ねられるべきでしょう。また、子どもたちがそれぞれ自由に学習課題を決めて学習していきますので、他のグループの学習状況を交換する機会が学習活動の途中に設けられることが望ましいでしょう。学習活動の最後には、それぞれのグループの発表が用意されることは言うまでもありません。

(4) 第10の授業モデル「**自由研究学習**」（インディペンデント学習）

私たちはかつて学校裁量時間や「ゆとりの時間」を活用して「自由研究学習」を行いました。毎週あるいは隔週に1時間、あるいは、2時間

Ⅱ　アクティブ・ラーニングのための10の「授業モデル」

続きで，子どもたちはまさに自由に課題を決め，方法も決めて学習しました。これは教師との「契約学習」で，子どもたちは学習計画について教師の承諾を得て，学習しました。教師は子どもたちに課題設定の理由をただし，課題追究の手立てと手順についてアドバイスをし，ゴーサインを出して，学習活動が始まります。言うまでもなく，子どもたちは「自分のやりたいことが自分のやりたい方法」で学習することのできる授業で，もっとも活発な「アクティブ・ラーニング」が展開されました。

　小学校でも，中学校でも，子どもたちは学んでいる教科の中から発展的に考えられるテーマについて学習を計画することが多いのです。また，生活科や総合的な学習での活動を延長させた形の学習も見られました。また，いくつかの学校では，小学校6年や中学校3年は「卒業研究」と名付けられて，自由なテーマについて学習していました。

　「自由研究学習」は「学校名＋タイム」と呼ばれることが多く，「オープン・タイム」と呼ぶ学校もありました。この学校では，通常の教師だけでは手がとどかないため，ボランティアの方々の支援をいただいていました。

　昭和22年の学習指導要領には「自由研究」と呼ばれた学習活動が認められていて，地域に根差した問題解決学習が行われていたことがあります。アメリカの大学では，「インディペンデント・スタディ」と呼ばれる時間が認められている大学があります。教授とは話し合って，テーマを決め，学習し，レポートを提出して，単位をいただくというものです。私はかつてウィスコンシン大学で「個別化・個性化教育」について学んでいましたので，「インディペンデント・スタディ」の時間を認めてもらい，日本における個別指導プログラムについてレポートを書き，単位をいただいた経験があります。

　「自由研究学習」では，子どもたちは，一人ひとり自らの課題意識をベースに学習課題を作り上げますし，課題解決の方法についても，自ら

考えていきます。当然，自分自身にとって重要な，あるいは，有意義な課題であるかどうか，また，適切な解決方法かどうか，常に，自らに問いかけなければなりません。繰り返し述べてきた「原因感覚」に加えて，自己責任という感覚がそこにはありますし，学習意欲をかきたてる感覚も常にあります。学習課題が学習課題になるためには，探究する学習活動全体を常に見通さねばなりません。すなわち，「メタ認知」「原因感覚」や「課題専心」をフルに働かせていなければならないはずです。「自由研究学習」は学習内容についても，学習方法についても，子どもたちは最大のイニシアティブを発揮することができますので，学習活動はもっともアクティブになります。

3　アクティブ・ラーニングを目指した「特色ある」教育課程を編成する

(1)　地域や子どもの実態，教科の特質とともに，「アクティブ・ラーニング」に配慮する

　繰り返しますが，文科省が中央教育審議会に諮問したように，「アクティブ・ラーニング」の目指すところは「自立した人間として，多様な他者と協働しながら創造的に生きていくために必要な資質・能力」の育成にあります。こうしたねらいを達成するために，子どもたちが真に活動的，能動的な学習活動を展開することができるように，広く行われている一斉授業を改革しなければならないのです。そのために，一斉授業の持つ「学習課題」「学習時間・学習ペース」「教材・資料」「結論・まとめ」という画一性・一斉性を「子ども（児童生徒）」という視点から変化させてみると，図2-2（63頁）に示したような「多様な」授業ができます。
　最後に，これらの多様な授業をどこで，どう用いていくべきか，まと

めておきます。

　各学校は，学習指導要領に基づいて，学校の教育目標を設定し，目標の達成を目指して「学校の教育課程」を編成していくはずです。すなわち，地域や子どもの実態や教科の特質を配慮して，さらに，「アクティブ・ラーニング」を目指して年間指導計画を立案し，単元指導計画を立てて，指導に当たるべきです。

　他方，学校は，学習指導要領が示す3つの領域，すなわち，教科，道徳，特別活動にわたって教育活動を展開しなければなりません。教科には国語，社会，算数・数学，理科など9教科があります。現実には，9つの教科，道徳それに特別活動に関して年間指導計画と単元指導計画を立案しているはずです。

　よく知られているように，学習指導要領はその総則において合科的，統合的な取り扱いを認めてはいるのですが，ほとんど（すべてと言ってよいかと思うのですが）の学校は合科的，統合的なアプローチを取ってはいません。結局のところ。学校の教育活動は各教科の教科書と毎年行われてきている学校行事計画に従って行われているのです。

　しかし，「キー・コンピテンシー（資質・能力）」の育成を目指した学習指導要領の改訂が俎上に上りつつあります。同時に，「キー・コンピテンシー」の育成のための教育的手段として，「アクティブ・ラーニング」に注目が集まってきています。各学校は地域や子どもの実態や教科の特質を配慮するとともに，「アクティブ・ラーニング」にも配慮して，特色のある教育課程を編成にすることが期待されているのです。

(2)　「分野」のレベルで10の授業モデルの適用を図る

　「キー・コンピテンシー」の育成すなわち，「自ら考え，判断し，行動できる主体性，創造性を身につけた子どもたち」の育成をめぐって，今後，9つの教科，道徳，特別活動間における，合科的，統合的なアプ

ローチが問題になってくると考えられます。今後の学校の教育課程の編成に関してこの問題は避けて通れない重要な問題ですが、この本ではこの問題に触れることはしません。

ここでは、次に、「アクティブ・ラーニング」を目指した学校の教育課程を編成するために、どのようにこれら10の授業モデルを教科、道徳、特別活動に適用していくべきか、考慮しなければなりません。

教科と言っても、教科にはいくつかの分野があります。分野によって指導上の取り扱いに大きな違いがあります。したがって、10の授業モデルは、「教科」というレベルよりも、教科の「分野」のレベルで適用を考えるべきでしょう。

たとえば、小学校の算数で言えば、「数と計算」「図形」「量」「時計」などの分野があり、中学校の数学には、「数と計算」「図形」などの分野があります。国語には、鑑賞文、説明文、などの分野があり、中学校の社会科は地理的分野、歴史的分野、社会的分野があります。中学校の理科には生物、化学、物理という分野があります。

たとえば、小学校の算数の「数と計算」分野は指導内容が系統的な積み上げ方式になっていて、ステップ・バイ・ステップに指導していくものと考えられていますので、第1の「補充指導」モデルを連続して用いていくことが考えられます。それに対して、「図形」分野は取り扱う題材が子どもたちの生活の中にあり、子どもたちは自学していくことが可能で、第4「一人学習」、第5「二人学習」、第6「小グループ学習」のモデルを用いる、というように決めていきます。

また、中学校の理科の「生物」の分野では、学習意欲を高めることに力点を置いて、第3の「反転授業」モデルを多用することが考えられます。それに対して、「化学」の分野では、第7の「発展課題学習」モデルを適用することが考えられます。中学校の社会科の「地理的分野」においても、このモデルを多用することが考えられます。

Ⅱ　アクティブ・ラーニングのための10の「授業モデル」

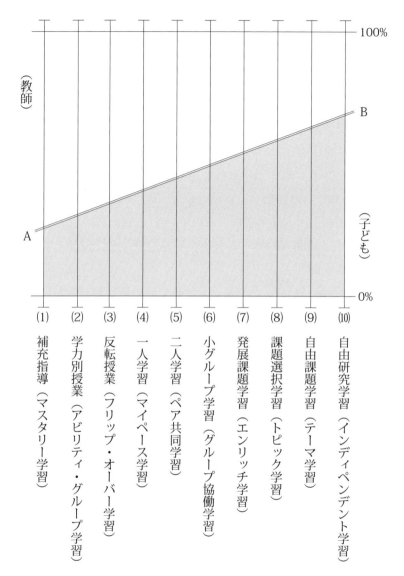

図 2-2　教師と子どもの「イニシアティブ比率」と授業モデル

⑶ 子どもたちが「イニシアティブ」を取る比率を上げていく

　繰り返しになることを承知していますが，各学校は「学校の教育課程」を編成するにあたって，地域や子どもの実態や教科の特質を配慮し，さらに，「アクティブ・ラーニング」を行うことを目指さねばなりません。その際，教科のレベルではなく，教科の「分野」レベルにおいて，どのモデルを採用して指導していくべきか，決めていく必要がありますが，およそのイメージを描いてみると，次のようになります。

　「用具系教科」と言われる国語，算数・数学，英語は，指導内容が系統的に「積み上げ方式」で構成されていますので，第1の「補充指導」から第7の「発展課題学習」までの授業モデルを採用して指導していくことになります。

　「内容系教科」と言われる社会，理科では，第3の「反転授業」から第8の「課題選択学習」までの授業モデルを用いて指導していくことになります。

　生活科や総合的な学習の時間，道徳，特別活動の指導は子どもたちの学習課題設定力と課題解決力の育成を目指していますので，第4の「一人学習」から第10の「自由研究学習」までの授業モデルを採用することになると考えられます。

　実は，「表現系教科」と言われる音楽，図工・美術，体育はすべてのモデルでの授業が考えられます。また，家庭科についても同じことが言えるように考えます。

　道徳は規範意識の育成を，特別活動は集団性の育成を目指していますが，生活科や総合的な時間と同じモデルを用いることになるのではないかと考えます。

　図2-2（63頁）は，10の授業モデルにおける教師の「イニシアティブ」と子どもたちの「イニシアティブ」の比率を示したものです。たと

えば，第1の「補充指導」では，教師が主導権を発揮していく比率がきわめて高いのです。それに対して，第6の「小グループ学習」では，教師と子どもたちが主導権を発揮する比率は半々くらいと考えられ，第9や10のモデルでは，子どもたちが自ら「イニシアティブ」を取って学習していき，教師は支援に回ると考えられます。

　各学校は学校の教育課程の編成に当たって，「アクティブ・ラーニング」に力点を置くことが求められているのですが，そのためには，教師の「イニシアティブ」を可能な限り減らし，子どもたちが「イニシアティブ」を取る場面を増やしていく必要があります。それは図2-2に示したABの線を可能な限り，より上の方に持っていくことを意味します。そのことが各学校の教育課程に「特色」を付与するものと考えます。

III
アクティブ・ラーニングに必要な「指導・学習観」を持つ

・・・・・・・・・・・ プロローグ ・・・・・・・・・・・

　I，II章で，子どもたちに徐々に学習活動に対して「イニシアティブ」を発揮させようと考え，10の授業モデルを創りだしてきました。そもそも，従来からの一斉授業にはこうした発想が"皆無"でした。日本の教師の一斉授業への固執度はきわめて強く，「教室という空間の中での一斉指導」という枠組みの中での創意工夫には大いに関心を示しますが，一斉授業の枠組みを変えることには関心がありません。

　実は，授業の形態を授業時間の外にも少し広げたに過ぎないのですが，また，アメリカの大学ではごく普通のことですが，授業の前に「予習（アサインメント）」を義務付けただけの「反転授業」が，突如，有名になるといった次第です。また，デジタル教科書についても，一斉授業での活用という枠の外に出さないように懸命です。宿題のために使うタブレットは考えられても，子ども一人ひとりにタブレットを持たせることをひどく恐れているのです。

　子どもたちに徐々にイニシアティブを与え，「アクティブ・ラーニング」を真にアクティブなものにしようと試みる時，すなわち，これら10の授業モデルによる教育活動をしようとする時，従来に一斉授業を支えてきた「教授学」は変革されねばなりません。言い換えると，「アクティブ・ラーニング」を支える新しい「指導・学習観」が必要になります。この章では，ラーニングを「アクティブ」にするということをめぐって，次の3つの点から，挑戦してみます。「なすこと（ドゥーイング）」「課題づくり」「評価」という3点について，「アクティブ・ラーニング」にふさわしい「指導・学習観」を創りだしてみたいのです。また，「知識とその創造」と「問題解決学習」についても見直してみたいのです。

1 「ラーニング・バイ・ドゥーイング」という原理に則る

(1) 聞いて，見て，学ぶことがアクティブ・ラーニングか

　今では，「ラーニング・バイ・ドゥーイング」という原理を知らない人はいないはずです。しかし，現実の授業を見る限り，どこにこの原理が働いているか，と疑いたくなります。

　たしかに，授業では，今ではテレビやOHPやパワーポイントを用いて，いろいろな資料が提示され，教師の「口頭」による解説・説明だけでなく，子ども同士のディスカッション（話し合い）も盛んになされてきています。

　では，ここでの子どもたちの「アクティブ・ラーニング」とはどんなことでしょうか。教師の口頭による解説・説明に静かに耳を傾け，あるいは，子ども同士の話し合いに参加し，そこでの内容を頭の中で理解するという認知的行為が「アクティブ」ということです。ひょっとして，多くの教師はこうした在り方をアクティブ・ラーニングと捉えているのではないでしょうか。俗な言い方ですが，"頭の体操"という指導・学習観でしょうか。

　「1を聞いて，10を知る」子どもが「頭のよい子」というわけです。何度言って聞かせてもわからない子は「頭の悪い子」というわけです。もっと言えば，視聴覚教材や操作教材を使って，体験的に，具体的に学ばなければならない子は「頭が悪い」というのです。学習に時間がかかる子は"のろま"というわけです。

III　アクティブ・ラーニングに必要な「指導・学習観」を持つ

(2)　「理解」するためには，「ドゥーイング」が不可欠である

「ラーニング・バイ・ドゥーイング」とは「ドゥーイング」によってこそ理解が成立するという原理です。すなわち，手を動かし，体を使って体験的，実践的に活動してこそ学習が成立するという考え方です。「アクティブ・ラーニング」は，聞いて，見て理解するというレベルを超えて，手を動かし，体を使って体験的，実践的にアクティブに活動して理解することを目指しているはずです。

次の格言は，教育内容の現代化を目指した，イギリスでのナッシュフィールド・プロジェクトで言われたものと聞いています。

I hear, I forget.
I see, I remember.
I do, I understand.

言うまでもなく，「聞いたことは忘れ，見たことは覚えているが，やったことは理解する」と訳します。なにより，英語の「理解（アンダースタンド）」という意味がとても深いところにあることがわかります。「百聞は一見にしかず」とよく言われますが，この格言は第2の「見るレベル」で終わってしまっていると言ってよいでしょう。

私が，上の英語の格言を目にしたのは，帰国して間もない1975年ころで，甲府市にあるオープン保育を行っていた幼稚園においてでした。その時，テキサス大学オースティン校の教授の通訳として，この幼稚園を訪問していたのです。英語のフレーズだったので，この教授に聞いてみたが，知らない，との返事でした。数年して，何かの機会に，当時東京都立教育研究所の所長をされていた北沢弥三郎先生から，中国の『説苑（ぜいえん）』（前漢時代の劉向（りゅうきょう）著）に同じようなフレーズがあると教えていた

だきました。

　　耳聞之，不如目見之。
　　目見之，不如足践之。
　　足践之，不如手辨之。

　この劉向の漢字のフレーズも「ドゥーイング」を強調しています。目で見て，頭の中で考えるだけでなく，足を運び，行い，手を使って，識別することの重要性を強調しています。よく知られているように，「ラーニング・バイ・ドゥーイング」という教育方法の原理はJ.デューイによって学校教育の世界に持ち込まれたのですが，洋の東西を問わず，しかも，古代から，この原理が強調されてきたことを知り，感動した次第です。

(3) 現実は「ドゥーイング」が「追試」に陥ってしまっている

　いや，それは誤解も甚だしく，今では，授業は常に「ラーニング・バイ・ドゥーイング」で行われている，と言われそうです。どの教室にも，テレビがあり，スクリーンが備え付けられていて，常に「見ること」が行われているはずです。特に，理科の授業では，実験が行われ，目で見るだけでなく，手を使って，体を使った操作活動が展開されているではないか，と言われそうです。今では，ゲームやシミュレーションなど操作活動が盛んに行われてきているではないかと，反論されそうです。
　問題は，こうした「ラーニング・バイ・ドゥーイング」が，教師が説明したこと，教師が行ったこと，特に教科書に書いてある公理や定理を「追試」することになっている点にあるのです。言い換えると，教師が説明したこと，教師が行ったこと，教科書に書いてある公理や定理について，「なるほどそうか」と"後からなぞり"，納得する行為になってし

まっている点です。あえて言えば、教師が「ドゥーイング」しているのであって、子どもたちは教師が「ドゥーイング」しているのを「見ている」にすぎないのです。ここには、子どもたちの主体性や創造性を育む契機がほとんど存在しないのです。この点に気づくべきです。

2 「なぜ」「どのようにして」と問うことが主体性、創造性を育む

(1) 「深い問い」から始まる

「きちっとした知識があって、そうした基礎の上に立ってこそ、主体的、創造活動である」という俗説がきわめて有力で、「アクティブ・ラーニング」を阻む大きな要因になっている、と考えます。言い換えると、人間はある一定の基本的知識を持っていてこそ、アクティブに学習することができる、という考え方です。そこでは、アクティブ・ラーニングのために、まずしっかりした知識を身につけるべきだという考え方になり、従来からの授業の在り方が支持されてしまいます。

人間は問題があるからこそ考えます。困ったことがあるからこそ、何とかしようとする存在です。何も問題がなければ、考えないでしょう。困ったことがなければ、何もしないでしょう。

学習活動は「なぜ」「どのようにして」と問うところから始まるのです。疑問の無いところから学習は生じません。よく知られていることなのですが、子どもは4，5歳になると、どんな子どもでも、「どうして」「どうして」と親に問うようになります。多分、国を越えて、人種を越えて、こうした現象が見られるに違いないと思います。親は、子どもが何事にも「どうして」と問うので、適当に答えていきます。なにか、子どもは親との会話を楽しんでいるように見えるのです。言葉が使える

ことが楽しいのでしょう。よくわかりませんが，また，いつの間にか，「どうして」とは問わなくなって，消えていくようです。私は，4，5歳という発達のごく早い段階で，子どもたちが「なぜか」と問うこの現象を見て，「なぜか」と問うことは，種としての人間の特性ではないかと思っています。

　私たちは，「なにか」と問うのではなく，「なぜか」「どのようにして」と問う授業に変革すべきです。前者は「知っている知識」を増やそうとする問いで，後者こそ「使える知識」を獲得することのできる問いです。

　誰でも知っているように，英語の疑問形には，「YESか，NO」で応えられるものと，いわゆるWH疑問文と呼ばれるものと2つがあります。

　後者には，What, When, Where, Who, WhyとHowで始まる疑問文があります。このうち，What, When, Where, Who疑問文に対する答えは，時に少し長い説明になりますが，事実（Fact）で答えられるのです。もちろん，間違った事実と正しい事実の間の線引きは容易ではない場合がありますし，事実そのものが曖昧な場合もあります。しかし，ここでは，正確さが求められます。

　それに対して，WhyとHow疑問文に対して答えるのは容易ではないのです。「なぜか」「どのようにして」と問われているのですから，方法や手段だけでなく，目的や理由を答えなければなりませんし，後者の目的や理由には，個人的な価値観や見方・考え方が反映している場合が多いのです。ここで問われているのは，合理性であり，その一貫性であり，時に個性的な着想を含みます。ここでは，これらを「深い問い」と名付けておきます。

　この違いはとても大きなものです。学習への主体的，創造的なかかわりなしには，「なぜか」という問いには答えられないのです。言い換えれば，静かに教師の話を聞いているだけでは，What, When, Where, Whoという疑問文に対して答えられても，WhyとHowという疑問文

に対して答えられないのです。

「人類の文化遺産」の継承という系統主義の教育課程の中で，「なにか」と問われ続けてきましたが，「なぜか」と問うことを軽視してきたのです。学習に関するバンキング・モデルと呼ばれるのですが，「銀行にお金をため込む」ように，「頭の中に，せっせと，知識をため込んできた」のです。それこそ，基礎的知識のないところに，創造性は育たないというわけです。(P. フレイレ『被抑圧者の教育学』1970 年)

(2) 全体が見通せてこそ動き出せる

当たり前のことですが，暗闇の中では人は動くことができません。1つの方向から光がさしてくれば，その光の方向に人は動いていくことができます。全体が明るければ，どちらの方向に進むべきか，人は考えるに違いないのです。

今までの一斉授業では，方向は教師だけが知っているのです。ちなみに，小中学校の教師の方は，年間指導計画，単元指導計画を作成し，授業に臨みます。したがって，教師は何を目指して，何を用いて，どんな順序で教えるのか，熟知して指導に当たっているはずです。

それに対して，子どもたちには，授業の全体像が与えられていません。その時間その時間に，多くのことが小出しにされて，与えられるにすぎません。教師が教室に入ってきて，今日の学習課題を提示して，初めて今日学ぶべき事柄を知るといった状況です。今では，毎回，授業の初めに大きく「今日の目当て（課題）」を黒板に張り出し，子どもたちに斉唱させる教師が多くなってきています。それで「十分」とでも言いたげです。

たしかに，授業の最後に次時の予告をする教師もいますし，本時の授業の初めに，前時の復習をする教師もいます。こうして授業と授業をつなぐことは，よく行われると言ってよいでしょう。しかし，単元や教科

の全体像について，子どもたちに意識的に知らせている教師は，"皆無"です。前もって言っておきますが（詳しくはⅦ章で説明します），私たちは，子どもたちに「学習ガイド（手引き）」を単元の学習活動を始める前に与えるか，授業モデルによっては，子どもたち自身が「学習ガイド（手引き）」を創っていきます。

　なぜ，このことが問題にならないで今までできたのか，とても不思議です。かつて，歴史の授業で徳川家康の言葉と聞きましたが，「百姓は知らしむべからず，依らしむべし」という江戸時代の統治政策にかかわる言葉を習いました。この言葉の意味が長い間わかりませんでした。現代流に言えば，情報開示しなければ，人々はどう判断してよいのかわからず，権力あるものに「寄ってくる」ということです。きつい言い方ですが，教師は子どもたちを「依らしめてきた」のではないでしょうか。これでは，アクティブ・ラーニングが目指す「子どもたちの主体性，創造性を育成」という目標は根底から崩壊しかねないのです。

3　ウェビングによって「学習課題」を創る

(1)　最初のステップとして「動機づけ」が「すべて」である

　人間が最も意欲的で，したがって，主体的，創造的である時は，「自分のやりたいことが自分のやりたい方法でできる」時だと繰り返し言ってきました。教師がイニシアティブを取る「参加型授業」は別としても，「参画型授業」はこのことを，段階を追って，保障していく授業モデルです。

　Ⅱ章で，「参画型授業」として，4つの授業モデルを考えました。最初の2つのモデル，すなわち，「発展課題学習」と「課題選択学習」では，依然として教師が一定のところで教育内容をコントロールしていて，

Ⅲ　アクティブ・ラーニングに必要な「指導・学習観」を持つ

教師がコースの学習に適切であると考える学習課題を子どもたちに示していきます。

「発展課題学習」では，子どもたち共通の学習課題が終了した後，いくつかの課題の中から1つを選んで学習していきます。あるいは，自分で課題を決めて学習していくモデルです。それに対して，「課題選択学習」は教師から複数の学習課題が単元の最初に提示され，子どもたちはその中から1つあるいは2つの学習課題を選択し，1人あるいは友だちと学習していくモデルです。

次の2つの授業モデル，「自由課題学習」と「自由研究学習」では子どもたちが教育内容と教育方法の決定にイニシアティブを発揮し，学習課題とともに学習方法も自ら決めていくことになります。したがって，特に，この2つの授業モデルでは，子どもたちが自ら学習課題を作りだしていきます。

結論的に言えば，学習意欲は，学習活動の最初のステップにかかっています。この最初のステップを「動機づけ」のステップと名付けておくと，ここで子どもたちに「やりがいがある」「意味がある」と感じさせることが「すべてである」とまで言っておきたいのです。そのために，十分時間をかけて，「課題づくり」を行う必要があります。

多くの教師が子どもたちは，学力がない，学習意欲がない，と嘆いています。私たちが行った調査，『教育改革に関する教員の意識調査』(中央教育研究所，平成27年8月)によると，教師の66.4％が「学力の低下」を嘆き，続いて，69.1％が「学習意欲の低下」を嘆くと続きます。しかし，ただ嘆いているだけで，こうした嘆きに何か有効な手立てを講じているようには見えないのです。

私に言わせれば，大きくは子どもたちに教育内容の領域はもちろんのこと，教育方法の領域についてすらイニシアティブを与えてこなかった結果というわけです。子どもたちは，それこそ，知識や技能を得るため

にひたすら教師が伝達してくれるのを「口をあけて,待って」きたからです。知識や技能は自らもぎ取るものではなく,教師から伝授されるものというわけです。

　したがって,単元への「動機づけ」はきわめて重要で,そのことが次の課題づくりにつながっていくべきです。参加型授業においても,「学習ガイド（手引き）」を使って,単元の最初に「全体像,イメージ」を与えるべきです。教師はこれから学ぶことの意義について語るべきです。単元の目的,特色,他の教科で学ぶこととのかかわり,さらに,この単元を学習した結果どんなことに役立つのか,自分はこんなところがおもしろい点だと考えているとか,語るべきです。

　また,今日では,これから学ぶ単元にかかわる印刷教材やＡＶ教材を紹介し,こうした教材を活用して,「動機づけ」を行うとともに,「課題づくり」につなげていきたいのです。

　すなわち,最初の「動機づけ」の中で,子どもたちに「こんなことについて学習していきたい」「こんなことが意義ありそうだ」という学習への準備をさせたいのです。

(2)　ウェビング手法で「課題づくり」をする

　次に,特に,子どもたちがイニシアティブを発揮する参画型授業では,具体的にこれから学ぶ単元にはどんな学習課題があり,どんな手順で学習すべきか,子どもたちで話し合って決めることを考えたいのです。そのための手段として,「ウェビング」という手法を活用してみたいのです。

　教師が中心になって,黒板を使って全員でウェビングしていく場合もあれば,小グループに分かれて,グループごとに子どもたち自身でウェビングしていく場合もあります。

　ところで,コンピュータ時代を迎え,「ウェブ」という言葉が一般

化しています。WWWはWorld Wide Webのことでありますし，ウェブサイトという言葉も今や知らない人はいないと言ってよいでしょう。ウェブは「クモの巣」という意味です。したがって，ウェビングとは「クモが巣を張っていく」行為です。

　翻って考えてみると，一般企業などで用いられてきたKJ法やブレインストーミングといった手法もウェビングの一種であると言ってよいものです。

　参加者がある1つのテーマ（主題）について，考えていること，あるいは思っていることを持ち出してみます。実行可能性だとか，諸条件だとかいうことは考えないで，自由な思いつきも含めて述べていきます。リーダーが，これらを黒板や大きな紙に整理していきます。

　整理の仕方は，「ルーレッグ（Rule Example）法」を用いて，関連していると思われる事柄（事実，事例）を1つひとつの「かたまり」（ルール，一般化）にまとめていきます。その結果，1つのテーマ（主題）について，いくつかの「かたまり」と，それらを支える一連の事実が識別されていきます。こうした手法を特に「参画型授業」で活用していきたいのです。

　KJ法以外に「イメージ・マップ」とか，「マインド・マップ」などと言われて，物事をまとめたり，評価活動の手段として使われてきていますが，私たちはこの手法を，もっぱら，「課題づくり」に用いてきています。

(3) ウェビング手法で学習課題の全体像を描き，見通す

　単元の最初の2時間を使って，ウェビング手法を活用して自分たちの学習課題を作っていきたいのです。できることなら，ウェビングには多くの時間を割きたいのです。つまり，課題づくりには2時間以上かけてもよいのではないかと考えます。

ウェビングは2段階で行うとより効果的です。第1段階は教師が中心になって、子どもたち全員で、おおざっぱなウェビング図を描きます。たとえば、図3-1のようなウェビングがなされたとします。言うまでもなく、ウェビング図は同じテーマ（主題）でも、その時の子どもたちによって、常に、違うものになります。

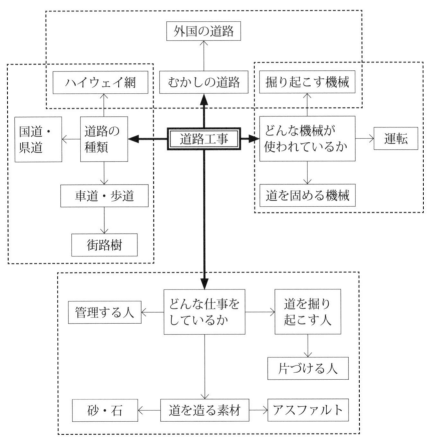

**図3-1　ウェビング手法による「学習課題づくり」の例（小学校・総合的学習）
　　　　テーマ『道路工事』**

　　　（ □ テーマ（主題）　　　┆ ┆ 学習課題となる「かたまり」）

Ⅲ　アクティブ・ラーニングに必要な「指導・学習観」を持つ

　この事例は，小学校の総合的学習の時間で，子どもたちが学校の近くで始まった道路工事（テーマ）について学習したいということで，作成したウェビング図です。

　第1時間目は，改めて，道路工事の現場を参観に行きました。幸いなことに，工事をしている人たちが子どもたちを歓迎して受け入れてくれ，大きな工作機械に乗せてくれたりしました。また，学校ができる以前の道について，地方史に詳しい人から話を聞くことができました。図3-1は，第2時間目にほぼでき上がったウェビング図です。

　第3，4時間目は第2段階で，4つのグループに分かれ，グループごとに自分たちのテーマについて，「より詳しい」ウェビング図を作る段階です。この第2段階はかなり時間がかかります。したがって，この

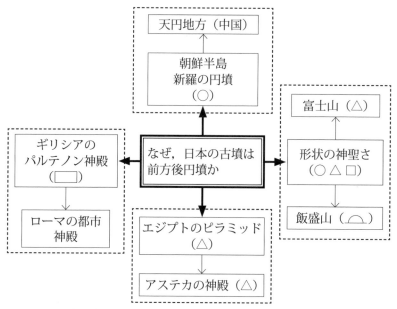

図3-2　ウェビング手法による「学習課題づくり」の例（中学校・歴史的分野）
　　　テーマ『なぜ，日本の古墳は前方後円墳か』

（　　　）テーマ（主題）　　　学習課題となる「かたまり」

段階を「アサインメント（予習）」として課すのも 1 つの方法です。

　図 3-2 の事例は，中学校社会科の歴史的分野，単元『古代までの日本』の学習が終わった後に組まれた「発展課題学習」でのウェビング手法による「学習課題づくり」の例です。生徒たちは，エジプトのピラミッド，ギリシアのパルテノン神殿，中国の殷墟(いんきょ)，日本の前方後円墳などについて学びました。「発展学習」ですから，多くの時間は割けず，家庭学習として展開されました。発展学習の第 1 時間目に，このテーマ（主題）をめぐって，ウェビングを行いました。その結果，エジプトのピラミッドやギリシアのパルテノン神殿について詳しく調べたいと考えるグループに加え，朝鮮半島に見られる円墳とのかかわりや古墳の形状の持つ意味について学習したいとするグループができました。各グループの人数はまちまちでした。

(4) 探究のための素材とスケジュールについても，同時に考える

　ここでは，小学校での総合的学習での「道路工事」の例に戻って考えるのですが，第 3 時間目の第 2 段階で，4 つのグループは「より詳しい」学習計画（プランニング）の立案を行っています。この「より詳しい」プランニングでは，実際の探究活動に必要な素材やスケジュールについても考えるべきです。言い換えると，ウェビング図にできた「かたまり」はそのままでは具体的に探究する学習課題にはならないということです。次の 3 つの条件があってこそ，具体的に「探究可能な」学習課題になるのです。

1) まず何よりも，「探究したいとして作り出した『かたまり』としての学習課題を通して，コース（単元）が目指しているねらいが達成できるのかどうか」という条件です。言い換えると，何のために，したがって，どんな方向で追究すべきか，検討する必要があります。「仮

説を立て，見通し」を付ける，と言ってもよいのです。平たく言えば，もう一度，元に戻って，再度，探究活動の意味を考え直してみることが必要です。

2) 次に，探究したいと言っても，探究のために必要な「素材，資料，情報」がなければどうしようもないことです。したがって，素材や資料や情報の存在場所を確かめる必要があります。コンピュータで検索して，あるいは，図書館で，どのようなものがどこにあるのか"あたり"をつけておく必要もあります。また，専門家に聞くにしても，どんな機関に行くべきかをはっきりさせておかなければなりません。

3) 最後に，探究する手順あるいはスケジュールを決めることです。プランニングに当たって，それぞれのグループはどの「サブ課題」から入り，次にどの「サブ課題」に行き，そこにどれだけの時間をかけるかというように，手順やスケジュールを決めなければならないのです。

これら3つの条件が満たされてこそ，ウェビング図上の「かたまり」となっている学習課題は具体的な探究可能な学習課題となるのです。このプロセスを「学習課題づくり」と呼びます。

(5) 「学習計画シート」「契約学習シート」に書き込み，役割分担して探究する

教師のリードのもとで，全員で，コースの初めに，ウェビング図を描く時，黒板が便利です。書いたり，消したりできるからです。しかし，2時間かけてウェビングを行う時には，大きな模造紙のようなものの方が，途中までのウェビング図を残しておけるので，より好都合です。

他方，Ⅶ章で詳しく述べる予定ですが，子どもたちは「学習計画シート」あるいは「契約学習シート」と名付けたシートを持っていて，学習課題を整理し，いろいろな情報をメモし，学習活動のスケジュールを決

めていくことになります。続いて，探究活動に入ります。

4 「ポートフォリオ評価」は活動全体の姿を反省する機会を提供する

(1) プロセス評価のための「ポートフォリオ」を作成する

　ごく一般的な教科では，学期の途中で行うテスト，学期末に行うテストでA，B，Cという成績をつける「プロダクト評価」をしています。これは一般的に行われてきている評定という行為です。

　今日ではこうした評定という総括的な評価ではなく，学習活動の過程を評価対象とするプロセス評価が重視されてきています。そのために，学習活動の記録を集積しておく必要があり，集積したものを「ポートフォリオ」と言います。ポートとは港で，フォリオとはファイルで，昔，港では船が積んできた品物を数え記録していたところから来た言葉です。また，現代では，画家たちがデザインから始め，絵を描き上げるまでの足跡を集めたファイルを意味します。

　すべての学習活動を記録し，ファイルしておくことはできませんし，また，その必要もないのですが，何をファイルしておくべきか，考えなければならないところです。先に述べたウェビング図を含め「学習ガイド」は重要な記録物です。課題を探求する過程で得た情報や情報を得る過程で得た経験をメモしたものも，重要です。もちろん，探究の結果をまとめたレポート，あるいは，制作したものも，活動記録となります。

　現実的には，学習活動の記録をできる限り取っておいて，最後に，選択して，「圧縮ポートフォリオ」を作ることになるでしょう。

Ⅲ　アクティブ・ラーニングに必要な「指導・学習観」を持つ

(2)　「メタ認知」の育成を目指した「振り返りシート」を加える

　次に，ポートフォリオに「メタ認知」の育成を目指した「振り返りシート」を作成し，加えることが重要になります。

　メタ認知とは，学習活動の全体を見通した俯瞰的な反省的思考と言えます。すなわち，自分の，あるいは，自分たちの学習活動を意味あるもの，意義あるものにしていくために，常に，学習活動の全体に気を配り，学習活動の進行を図る反省的な行為です。

　「メタ」とは高次元という意味です。したがって，「メタ認知」とは認

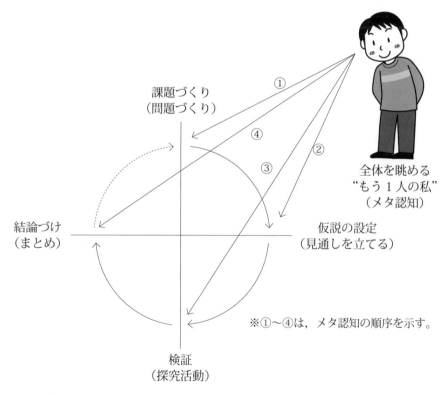

図 3-3　認知行為とその二重構造―全体を眺める"もう1人の私"―

知する行為を高い次元から，第三者的に，鳥瞰的に，眺めているもう1つの認知する行為ということです。そのためには学習活動を二重構造として位置づけることになります。

学習活動は，「課題づくり（問題づくり）」⇒「仮説の設定（見通しを立てる）」⇒「検証（探究活動）」⇒「結論づけ（まとめ）」（⇒「新しい課題（問題）」）というプロセスで進行します。もちろん，「⇒」のように一方向に進行することはむしろまれで，行ったり，戻ったりしながら進行します。これが物事を知るという認知行為です。学習への主体性や創造性を育てるためには，この認知行為を第三者的に，鳥瞰的に全体を眺めている（メタ認知）「もう1人のクールな自分」を育てる必要があるのです。

5　知識への見方・考え方を改めることからすべては始まる

(1)　理解の仕方も，また，変化してやまない「人工物」にすぎない

「はじめに」で述べましたが，知識基盤社会は，「知識が社会，経済の発展を駆動する基本的な要素である」社会です。駆動とは「動力を与えて動かすこと」（広辞苑）です。したがって，知識基盤社会では，知識の持つ「機能的側面」が強調されるべきです。すなわち，知識は伝達と創造の一体化したプロセスの中でこそ，「社会，経済の発展を駆動する力」を発揮すると考えられるからです。

久保田賢一は知識の持つ「機能的側面」について次のように言います。「私たちの世界を理解する方法は，歴史的および文化的に相対的なものである。つまり，私たちの理解の仕方は置かれている歴史や文化に強く

依存した形をとっている」と。(久保田賢一『構成主義パラダイムと学習環境デザイン』関西大学出版部，1993年，50頁)

　言い換えると，知識はその時代その時代の人間が創りだした「人工物」にすぎず，かつまた，私たちの理解の仕方も，その時代その時代の人間が創りだした「人工物」であると考えるべきです。

　知識を伝達と創造に峻別し，知識を伝達することを教師の第一義的な役割としてきたこれまでの教育観は，一大転換を迫られているのです。

　特に，学校教育の段階では，教育の役割は人類が発展させてきた文化遺産を次世代の子どもたちにしっかりと伝達することにある，と固く信じられてきています。驚くほど，疑いもなく，そう信じられてきているのです。明治時代以来，日本の教育は西洋の科学技術に「追いつけ，追い越せ」をモットーにしてきました。戦後の学習指導要領を見れば，明らかです。学校教育の世界では「系統主義」とか，「教科主義」とか呼ばれて，今日に至っています。「本質主義」とか，「客観主義」と名付けてもよいのです。

　別な言い方をすると，文化の「創造」は切り離され，後回しにされてしまったのです。知識は「人類の文化遺産」からなり，学習者の前に厳然として「そこに，あるもの」として存在し，まずは，それらをしっかり習得したうえで，初めて，創造することを考えるべきであるという「2段階論」になっているのです。

(2) 「足がかり」を得て，自分なりに知識を創造するのは「私」自身である

　ここで問題にしたいことは知識とその創造が分離して捉えられてしまっていることです。私たちが，ごく自然と思っている，知識の獲得と創造力の育成をめぐる言説です。きわめて単純に言えば，「しっかりした知識がないところに，新しいものが創造されるわけがない」というき

わめて通俗的な言い分です。

　もう20年は前になるでしょうか，当時，自己教育力とか，自己学習力とかいった「新しい学力」ということが問題にされた時代のことです。ある大手新聞の教育問題を担当している記者のインタビューを受けた時，「加藤先生，やっぱり，基礎的基本的な知識があってこそ，創造的活動ができるのでしょう」と，逆に説得されたことを思い出します。

　また，教育基本法の改正に道筋をつけた，『教育再生会議』の中での審議の過程で，「知識と創造」について議論されています。その時，「ゆとり教育」を知的「武装解除」だと非難した有名な元東大教授がこの問題を取り上げて，基礎的基本的な知識があってこそ，創造的活動ができるのだ，と言っています。それに対して，他のどの委員も何も言わず，議論がなされずに終わっているのが印象的でした。その結果というよりは，この会議は「ゆとり教育」の廃止は既定の方針として始まったものだったのです。

　人間は一人ひとり自らの視点，あるいは，こだわりからしか知識を受け入れられない存在であると見なすべきです。教師によって語られる知識は，自分とのかかわりという視点から修正され，自分にとってより統一された知識として作りだされ，内面化されていくものと考えるからです。

　ピアジェ流に言えば，人は外界とかかわりながら，自ら「発明」していく存在です。「発見」と「発明」は大きく違います。発見は存在するもの中から何かを見つけることです。もちろん，見つけることもたやすいことではありません，しかし，発明は存在するものを使って何かを自分なりに組み立て創りだすことです。それは発見をはるかに超える行為です。しかも，それは個性的であらざるを得ないのです。

　一人ひとりの人間は生まれた瞬間から，周りの環境と相互作用を繰り広げながら，自ら意味を見出し，自分なりの知識を発明している存在で

あると捉えるべきでしょう。

　外界と相互作用を繰り返しながら，自分なりに意味を捉え，創造していく活動の中でこそ，知識は自分自身にとって「生きて働く」ものとなっていくはずです。周りの環境である外界が私より強いという考えがありますが，それは外界の強度にもよりますが，原則として，主体としての私の方が強いと考えたいのです。この発明という行為の中にこそ，人間の主体性と創造性の根源があると考えるからです。

6　「課題」解決学習から「問題」解決学習へ

(1)　「課題」解決学習を越える

　どうしても，付け加えておきたいことがあります。それは「アクティブ・ラーニング」を目指す学習活動の方式についてです。具体的には，「課題」解決学習と「問題」解決学習のバランスの問題です。

　思い起こすまでもなく，昭和33年の学習指導要領の改訂は，「はい回る経験主義」と「基礎学力低下」という批判のもとで，系統主義（教科主義）に大きく転換したものとなりました。やがて，スプートニク・ショック，それに伴う「教育内容の現代化」運動を受けて，系統主義・教科主義は強化され，今日に至っていると言ってよいでしょう。

　昭和33年の学習指導要領の改訂を理論的にリードしたのは広岡亮蔵です。広岡はコア・カリキュラム連盟からの脱退に際して，「産業振興と封建遺制の排除」を主張しました。当時の貧しい経済状況からの脱出と民主主義の確立に明確な方向性を与え，同時に「科学的」知識に確固たる地位を与えました。さらに，進んで，今日なお有名な「三層（要素能力，概括能力，態度能力）からなる学力構造」を提示しました。

　私も大学院生として履修していた広岡ゼミで，広岡は「課題解決学習

は自分が作った授業方法である」と明言していたことを思い出します。それは，子どもたちが自らにとって切実で身近な問題を探究する「問題解決学習」ではなく，結局のところ，教師が子どもたちに身につけさせたいと願う「知識」の獲得を目指して，子どもたちが「発見的に」学習していくように工夫された学習活動の方式なのです。課題とは，文字通り，教師から子どもたちに「課せられた題」です。

「はじめに」でも述べておいたことですが，次期学習指導要領では「何を知っているか」を目指す教育から，「何ができるか」と問う教育に一大転換を図るというのです。ここには，知識の位置が「目的から手段に」転換せざるを得ないほどの大いなる革新性が秘められているのです。ここにこそ，内容的学力観から機能的学力観にコペルニクス的転換が秘められているのです。

率直に言えば，広岡が作ったという「課題」解決学習を乗り越えなければ，「アクティブ・ラーニング」を保障することはできないということです。「何ができるか」という視点のもつ革新性をもっと鋭く意識した「指導・学習観」を持たなければならないと考えます。

(2) はたして「問題」解決学習は受け入れられるか

実は，「課題」解決学習と「問題」解決学習という言葉は，区別されずに，同時に，使われてきています。誰も，その違いに気づかず，あるいは，気づいても気づかぬふりをしてきているのです。広岡亮蔵ははっきりと意識していたからこそ，ゼミで誇らしげに私たちに語ったのです。当時，広岡ゼミを誰と履修していたのか，記憶にないのですが，当時の大学院の規模からして，2，3人にすぎません。他の人のことはわかりませんが，重松鷹泰，上田薫ゼミに近かった私は，妙に，気になりました。さらに，加えておけば，広岡ゼミのテキストはJ.ブルーナーの『教育の過程』の原本でした。

Ⅲ　アクティブ・ラーニングに必要な「指導・学習観」を持つ

　今こそ，この2つの言葉を意識的に峻別して，用いるべきです。と言って，「問題」解決学習という言葉で「課題」解決学習を塗りつぶす必要はないのです。「参加型授業」には「課題」解決学習が必要です。しかし，「参画型授業」には「問題」解決学習が使われるべきです。

　「課題（タスク）」は文字通り「課せられた題」です。言うまでもなく，「課してきた」のは教師です。それに対して，「問題（クエッション，プロブレム）」は「問う題」です。「問う」のは子どもたちです。ここにきて，「アクティブ・ラーニング」という概念は両者を峻別し，「課題解決学習」から「問題解決学習」へと移動させる方向にエネルギーを注いでくれそうに見えます。すなわち，真に「子どもの主体性，創造性を育む授業」を創るには，子どもたちが自らにとって切実で身近な問題を探究する「問題解決学習」が必要になるはずです。はたして私たちの指導・学習観をそこまで発展させることができるのでしょうか，気になります。

Ⅳ
アクティブ・ラーニングのための「指導・学習システム」を考える

・・・・・・・・・・・ **プロローグ** ・・・・・・・・・・・

　子どもたちに徐々にイニシアティブを与え,「アクティブ・ラーニング」を真にアクティブなものにしようと試みる時,すなわち,Ⅱ章で作った10の授業モデルによる教育活動をしようとする時,前章で取り扱った「指導・学習観」に加えて,もう1つ考えてみるべき根本的な事柄があります。それは「指導・学習システム」を根本的に問い直し,授業のパラダイム転換を図るということです。

　「日々の授業」では「教師」という「人的」学習環境の中で展開されてきました。これが「教師がすべて」と言ってもよい今までのシステムです。それに対して対極にあるシステムは,教師といった「人的」学習環境に加えて,多様で,豊かな「物的」学習環境が作り出すシステムです。「アクティブ・ラーニング」を支える新しい「指導・学習システム」は,子どもたちが自らのイニシアティブを発揮して学習することができるシステムでなくてはなりません。

　はじめに,はっきりさせておきますと,一斉授業を支える指導・学習システムを「マン・トゥ・マン（Man-to-Man）」システムと名付け,「アクティブ・ラーニング」のためのそれを「マン・トゥ・エンバイロメント（Man-to-Environment〔学習環境〕）」システムとして区別したいのです。この区別を明確にし,ここでも,徐々に前者から後者に移動させたいのです。

　一斉授業の背後にあって,それを支える「指導・学習システム」に疑いをはさむことなく,大多数の教師は現在の「教師という人的学習環境に依存したシステム」の中で「アクティブ・ラーニング」を展開しようと考えているように見えます。結局のところ,机を合わせてディスカッション（話し合い）か,グループ・ワークをすることしか,思い浮かばないのです。

1　今の教室には，限界がある

(1)　「教室」は教師が知識を伝授する場である

「はじめに」でふれたように，明治時代以来作られ，今日なお作られている校舎と教室は，基本的に，教師が子どもたちに知識を"伝授"する場であり，子どもたちは教師の話を静かに聞くという"座学"をしています。

教師の役割が「教科書を教える」ことである以上，教室環境は黒板があれば十分です。子どもたちの注意力が散漫になることは一斉授業にとって障害そのものです。したがって，黒板以外に，今では，テレビやスクリーンが天井からつるしてあるくらいです。天井からつるしてある以上，テレビやスクリーンは一斉指導にしか用いることができません。

言うまでもなく，今の教室は一斉授業のために作られたスペースと言って過言ではありません。教壇に立てばそのことがよくわかります。教師の声は教室の隅々まで伝わります。また，約30人の子どもたちの行動を管理することができます。しっかり意識されていないのが残念ですが，教室空間で行われるこのような教育実践の中では，子どもたちは「マス」，すなわち，「かたまり」として捉えられてしまっているのです。たとえ，小グループを作って，時折，話し合いや作業を行わせても，そうした「アクティブ・ラーニング」は「マス」の中に還元されてしまう運命にあるのです。

教室は教師が一斉授業を行う場です。したがって，教室にあるものはすべて整理整頓され，教室環境は子どもたちの集中力，注意力が散漫にならないよう工夫されてきました。そこには，「環境美化」「教室美化」という学習環境観が支配しています。

Ⅳ　アクティブ・ラーニングのための「指導・学習システム」を考える

　子どもたちは動きません。教師の指示なしには動きません。子どもたちは「自分の席」と言われる指定席に座って，教師の指示に従い，発問に答えながら学習していくのです。勝手に動かれては，まさに，秩序が保たれません。

　よく問題になっていることですが，近年，子どもたちが以前のように自分の席におとなしく座って教師の話に耳を傾けるということが，なくなってきています。多動性の子どもが増えている，と言われます。たしかに，子どもたちの行動が落ち着かないものになってきています。一斉指導が機能せず，いわゆる学級崩壊を起こしているクラスも多くなってきています。

　大きく言えば，子どもたちを教室と言われる"閉ざされた"空間の中で，"座学"させるという近代学校での指導の在り方が問われてきている，と言えそうです。同時に，子どもたちが活動的，能動的に学習することを期待している「アクティブ・ラーニング」にとって，はたして教室という空間が適切な学習活動の場であるかどうか，問われている，と考えます。

(2) 指導は「教師の質問，子どもの答え」で行われていく

　話し合い活動がおおいに期待されるはずの，小学校3，5年の社会科の8つの授業と，5，6年の算数の2つの授業，計10の授業における教師と子どもたちとの「言葉のやり取り」を収録し，分析してみると，一斉授業における指導の実態が浮かび上がってきます。もちろん，すべて，教室の中で教科書を用いた典型的な一斉授業です。

　まず，教師と子どもの発言を「開始発言，質問，答え，コメント」の4つに分け，そのつながりを「サイクル」とします。14のサイクルのパターンができます。教師と子どものサイクル主導率ですが，全サイクルのうち，教師が始めたサイクルは96.1％で，子どもが始めたサイク

ルは 3.9％です。すなわち，授業での「言葉のやり取り」は圧倒的に教師が始めているのです。次に，もっとも多いサイクルは「教師・質問」→「子ども・答え」→「教師・コメント」で，全サイクルの 27.0％で，次に多いサイクルが「教師・質問」→「子ども・答え」で，全サイクルの 19.2％です。その次に多いサイクルが「教師・質問」→「子ども・コメント」で，全サイクルの 7.3％です。この 3 つのサイクルを合わせると，実に，全サイクルの 53.5％になります。さらに，「教師・開始発言」（7.2％）してもそれに続く発言がないケース，「教師・質問」（10.1％）してもそれに続く発言がないケース，合わせて 17.3％です。

　このような短く単純な「言葉のやり取り」は，知識の伝達には役立っても，思考を練り上げることにはつながっていないのではないか，と考えられます。たとえば，「教師・質問」→「子ども・答え」→「子ども・コメント」→「教師・コメント」→「子ども・コメント」といった長いサイクルは 14 パターンの内，10 パターンあるのですが，複雑な長い「言葉のやり取り」はめったなことでは生じていないのです。この 10 のパターンが占める割合は全サイクルの 13.7％にすぎないのです。（加藤幸次『授業のパターン分析』明治図書，1977 年）

　たしかに，この分析は「言葉のやり取り」の形式にかかわるもので，内容にかかわる分析ではありませんが，一斉授業をその形式から見ても，今日強調されているいわゆる「思考力，判断力，発表力の育成」につながっているかどうか，また，「主体性や創造性の育成」に貢献しているのかどうか，大いに疑問です。

Ⅳ　アクティブ・ラーニングのための「指導・学習システム」を考える

2　「マン・トゥ・マン」システムから「マン・トゥ・エンバイロメント」システムへ

(1)　「教師が子どもたちを教える」システムについて再考する

　子どもたちが活動的に，能動的に学習課題に挑戦することのできる「アクティブ・ラーニング」を創るためには，まず，「教師が子どもたちを教える」システムについて根本的に問い直すべきです。繰り返しますが，批判の無いところに創造はありません。

　教育とは，コメニュウス以来の近代学校制度では，教師が子どもたちを指導することと考えられてきました。当然すぎるほど当然の話です。教師とは，文字通り，「教える師」です。英語でも，ティーチする人です。この伝統的なあり方を「マン・トゥ・マン」システムと名付けておきます。もちろん，最初のマンは教師で，後のマンは子どもたちです。

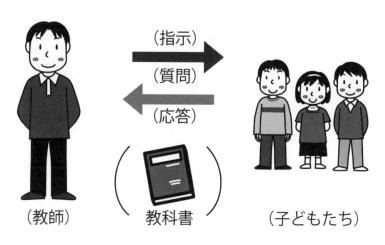

図4-1　「マン・トゥ・マン」システム
（Man-to-Man system）

断っておきますが，私たちは，この「マン・トゥ・マン」システムを全面的に否定しているわけではありません。人間は自分が興味や関心を持つ，あるいは，有益であると思われる「まっとうな授業」なら受け入れる存在だからです。ここでは，何が「まっとうな授業」なのかは問わないこととします。

　言うまでもなく，一斉授業はこの「マン・トゥ・マン」システムをベースにしています。そこでは，教師という「人的学習環境」が"すべて"と言ってもよいのです。教師がすべてをコントロールしていると言えるのです。すなわち，教師の指示のもとに，すべてが進行していきます。

　授業は教師の「おはようございます。では，授業を始めます」という指示で始まります。「では，この図を見て，考えてください」「はい，このことに関して意見ありませんか」「はい，○○さん，あなたの意見を言ってください」こうした教師の指示に応えて，子どもたちは発言していきます。話の，あるいは，論理の筋道は教師が握っているのです。ここでは，なんと子どもたちは受け身なのでしょう。この事実に，誰も気づいていないのです。率直に言えば，子どもたちを教師の指示から徐々に解き放さないと，真の「アクティブ・ラーニング」は生じないでしょう。

　明らかに，「マン・トゥ・マン」システムは，教師の主導のもとに，教師の意図を貫徹していく授業システムなのです。強い言葉で言えば，この授業システムのどこに，「アクティブ・ラーニング」が目指している子どもたちの主体性・創造性を育むモーメントがあるというのでしょうか。

(2) 「子どもたちが学習環境と相互作用する」システムを創る

　今日必要なことは，子どもたちが活動的に，能動的に学習活動を展開し，自らの力で，主体的に創造力を活かして学習していくことのできる

システムを構築していくことです。すなわち,「アクティブ・ラーニング」に必要な新しいシステムが必須です。

そうした学習システムを「マン・トゥ・エンバイロメント」システムと名付けておきたいと思います。ここでのマンは子どもたちで,エンバイロメントは学習環境のことです。

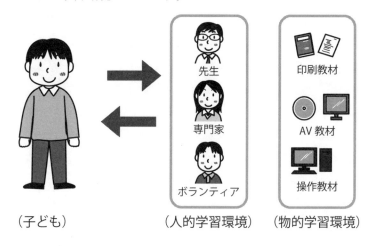

図 4-2 「マン・トゥ・エンバイロメント」システム
（Man-to-Environment system）

ここでは,子どもたちは多様で,豊かな学習材で構成される「学習環境」と相互作用を繰り返しながら,学習活動を展開していくのです。すなわち,子どもたちは学習課題の解決を目指して,探究活動を展開していくことを期待したいのです。

(3) 人的学習環境と物的学習環境を分け,後者に力点を置く

「マン・トゥ・マン」システムは,「教育内容」も,「教育方法」も原則,教師のコントロールしているカテゴリー A と B（22 頁の図 1-3 参照）に属する授業を支えるものです。すなわち,教師という人的学習環境にすべて依存しています。教育の質は教師次第ということです。

複数の教師が協力して行うティーム・ティーチングはこの人的学習環境をより豊かなものにするものです。子どもと教師の"相性"は複雑です。1人の教師が30人近い子どもたちに"気に入られる"ことは不可能なことです。そこで，複数の教師が一緒に指導に当たることによって，より多くの子どもに"合わせられる"というのです。地域のボランティアや専門家に加わっていただくことにより，この人的学習環境の質を変え，より豊かな，重層的なものにできると考えられてきています。

　別な側面から見ると，どの教師にもある固有な「指導スタイル」があり，同時に，子どもたちは一人ひとり「学習スタイル」があり，両者のスタイルがマッチした時，「マン・トゥ・マン」システムは最もよく機能する，と考えられるのです。

　きわめて残念なことですが，今では，算数・数学，英語の授業の一部で，ティーム・ティーチングが行われていますが，ほとんどの授業は「1人の教師が教室で約30人の子どもたちを一斉に指導する」という伝統的な授業に戻ってしまっています。

　それに対して，「マン・トゥ・エンバイロメント」システムは人的学習環境に全面的に依存するのではなく，物的学習環境を加えて，新しい学習環境を構成しようとする考え方です。このシステムは，この二重に構成された学習環境の前に，子どもたちを直接立たせ，自らの力で学習環境と「相互作用」しながら学習していってくれることを期待しているのです。次の項でも述べますが，教師はこの相互作用を側面から支援する人的学習環境です。カテゴリーCとDに属する授業では，子どもたちが自らの「イニシアティブ」を発揮していくことが重要です。

　とても重要なことなので，繰り返しを恐れないで言えば，「マン・トゥ・マン」システムのどこに，「アクティブ・ラーニング」が目指している子どもたちの主体性・自主性を育むモーメントがあるというのでしょうか。II章の図2-1（53頁）に示した授業モデルで言えば，第

Ⅳ　アクティブ・ラーニングのための「指導・学習システム」を考える

1の「補充指導」から第3の「反転授業」までは「マン・トゥ・マン」システムで構成されることも可能ですが，それ以後のモデルには，もし「真に子どもたちの主体性・創造性を育む」と言うならば，「マン・トゥ・エンバイロメント」システムを導入すべきです。

3 「アクティブ・ラーニング」のもとでは，教師の役割が大きく変わる

(1) 教師の第1の役割は指導計画を立案すること

　前章に続いて，ここでも，付け加えておきたいことがあります。それは，一斉授業から徐々に距離をおいていくに従って，"教師は何もせず，放任しているのではないか"という批判があるからです。たしかに，一斉授業では教師は常に指示と発問を発して，子どもたちを指導しています。それに対して，子どもたちが「アクティブ」に，あちらこちらで，「ラーニング」し出すと，まるで，教師は子どもたちを放任し，何も指導していないように見えるからです。

　まず，はっきりさせておきたいことは，教師の役割が大きく変わるのですが，指導計画も立てず，子どもたちを"放任"しておくことではないということです。子どもたちが活動的に，能動的に活動する教育に対する教師の抵抗はとても大きく，その裏返しとして，"放任"という言葉が使われてきています。子どもたちが活動的，能動的に学習活動に取り組む「アクティブ・ラーニング」のもとでは，子どもたちが自主的に学習活動をしていくはずで，教師は「指導する必要はない」のではないか，あるいは，「指導しない方がよい」のではないか，と言う教師が今でも多いのではないでしょうか。これは大きな誤解です。

　言うまでもないことですが，いかなる時代になっても，学校の指導計

画を立案するのは教師の第1の役割です。ただし，教師を中心とした一斉授業のための指導計画とは大いに違います。

　たしかに，教育内容も教育方法も教師が握り，授業のすべてをコントロールしてきている一斉指導に比べて，「アクティブ・ラーニング」を目指す授業では，教師は徐々にイニシアティブを子どもたちに渡していきます。一般的な言い方で言えば，指導というより「支援」に回っていきます。しかし，学校の教育課程，年間指導計画，単元指導計画を作成するのは相変わらず教師の重要な役割です。ただし，学校の教育課程，年間指導計画，単元指導計画の作成方針は大きく変わり，「アクティブ・ラーニング」を目指したものにすべきです。逆説的に聞こえますが，このことは従来からの作成以上に，教師の指導計画立案という役割がより重要になってくるということです。

　現行でも，各学校は学校の教育課程の作成に当たって，地域や子どもの実態および教科の特質に配慮することになっているのですが，残念ながら，前年度のものをそのまま引き継いだり，教科書会社が作成した教師用指導書に従って指導しているのではないでしょうか。「アクティブ・ラーニング」という要素が入ることによって，教師の指導計画立案という役割はますます重要なものになってくるはずです。

(2)　教師の第2の役割は適切な学習環境を創ること

　一斉授業は教科書と教科書教材，黒板とチョークという教授環境の中で行われてきました。強い言い方ですが，教師の役割は「教科書を教える」ということですから，原則，教科書以外のものは不要なのです。もちろん，ドリルや資料集は単元のねらいを達成するのに適した形で作られていて，補助的に使われます。きわめて効率的な教授環境の中で指導がなされてきていると言ってよいでしょう。

　それに対して，「アクティブ・ラーニング」を目指す学習環境は子ども

Ⅳ　アクティブ・ラーニングのための「指導・学習システム」を考える

たちの活動的，能動的な学習活動を誘いだし，促進するものでなくてはなりません。明らかに教師の役割はきわめて大きくなるでしょう。

　次の３つの章で詳しく見るように，学習する場所づくり，その場所の学習環境づくりと「学習ガイド（手引き）」を作らなければならないはずです。この作業には，一斉授業のための教授環境に比べて，問題にならないくらい大きなエネルギーと時間が必要です。この学習環境づくりをどうしていくのか，とてもとても，大きな問題です。

　極論すると，「アクティブ・ラーニング」のための学習環境づくりと「学習ガイド（手引き）」に対して，外部からの，特に，教育委員会からの大きなサポートが不可欠です。ここを学校に委ねているようでは，「アクティブ・ラーニング」は進展することは不可能でしょう。

　提案としては，教育委員会ごとに，「教師支援センター」を設け，教育課程開発とともに，学習環境づくりと「学習ガイド（手引き）」づくりをサポートする必要が出てきます。「カリキュラム・センター」と名付けてもよいかと考えます。

(3)　教師の第３の役割は一人ひとりの子どもの学習活動を「支援する」こと

　教壇に立って一斉指導しかしたことのない教師にとって，とても難しいことです。すなわち，一人ひとりに適切な個別指導をした経験がないのです。個別指導について尋ねてみると，ほとんどの教師が「時間をかけて，丁寧に教える」くらいのことしか答えられないのです。実は，一斉授業にたけた教師は「時間をかけて，丁寧に教える」ことに関心を示さないのです。

　一人ひとりの子どもへの個別指導とは，指導技法から言えば，一人ひとりの子どもの「学習適性」を処遇し，支援することです。すなわち，その子が必要としている学習時間を確保し，その子の認知（思考）スタ

イルを考慮した手立てを考え，個別指導をすることです。より基本的には，子どもの話を聞き取り，その子ができない，あるいは，やれない原因を捉え，その原因を解消してやることでしょう。直接，解消してやる場合もあるでしょうし，サゼスションだけする場合もあるでしょう。その子に"寄り添って"支援すると言ってもよいかと思います。実は，私たちはこうした個別指導・支援の技術を習得しなければならないのです。

V
アクティブ・ラーニングのための「学習活動の場所」を創る

・・・・・・・・・・・・ プロローグ ・・・・・・・・・・

　この章は次の章と一対になっています。この2つの章で,「マン・トゥ・エンバイロメント」システムに依拠した「アクティブ・ラーニング」のための"学習活動の場づくり"について考えたいのです。その際,次の2つの側面から"学習活動の場づくり"を問題にしていきます。

　1つは,どこを学習の場所(スペース)とするかという,まさに,"場所"の問題です。もう1つは,次の章で取り扱いますが,学習の場所をどのようにしつらえるかという,そこでの"学習環境づくり"の問題です。

　まず,"新しい酒は新しい革袋に盛れ"の諺のごとく,「多様な」授業は,現在の「教室」だけでなく,「アクティブ・ラーニング」のための新しい場所で行われるべきです。したがって,「教室」という空間に加えて,「アクティブ・ラーニング」のための新しい「学習活動の場所」を創りだすことから始めます。すなわち,今ある図書室,特別教室,多目的スペース,何より,空き教室を有効活用することを考えたいのです。「人が人を教える(マン・トゥ・マン)」という指導・学習システムには,教室という場所だけで十分と言えますが,「子どもが学習環境と相互作用しながら自ら学ぶ(マン・トゥ・エンバイロメント)」と名付けたシステムでは,端的に言って,「広い・開かれた場所」が必要だからです。

　"学習活動の場所"問題は,最終的には,現在の校舎建築の全面的な見直しを迫る問題です。すなわち,新しく「アクティブ・ラーニング」のための「学習センター」「教科センター」を校舎の中心において,教室(ホーム・ベース)をその周辺に配置するという校舎建築です。

1 「教室」とともに，図書室，特別教室，「空き教室」それに「多目的スペース」を活用する

(1) 学習活動の場所はなぜ「教室」だけなのか

　明治28年に『学校建築図及設計大要』が決められ，原則として，今日の学校建築もこの基本設計に基づいて計画され，建て続けられてきています。たしかに，「北側廊下一文字型」の校舎は日本の風土が見事に考慮されていて，優れたものです。南北に長い国土とは言え，南に面した教室は年間を通して"明るく"，北側の廊下は"寒い"北風を防ぐ役割を果たしています。4間×5間の教室スペースは1人の教師が約30人の子どもたちを指導するのに最適な空間と言ってもよいでしょう。教師の声と目は教壇に立てば教室の隅々まで届きます。まさに，一斉授業に適したスペースです。

　近代学校制度は明治5年に始まりますが，初期の校舎の作りと教室の広さはまちまちでした。明治20年頃には，近代学校制度が確立し，それに伴って，明治28年には，学校建築の基本的指針が示され，以後，今日に至っても，原則，この指針に従って学校は建てられているというわけです。

　他方，人口の少子化と人口移動による都市化の結果，小学校から始まって，多くの学校に多くの「空き教室」ができてきました。生涯教育のための部屋として作り変えられたり，第2図書室とか，第2児童・生徒会室として利用されていることはありますが，授業に使うことはめったなことではないのです。教師たちは，授業は「自分の教室」で行うものと決め込んでいます。疑いもなく，教師の頭の中には「教室での一斉授業」という在り方しか存在しないのです。

(2) 使われていない図書室，特別教室，「空き教室」それに「多目的スペース」

　どの学校にも，図書室，特別教室，「空き教室」があります。新しい学校には，昭和59年（1984年）より本格的に作り出された「多目的スペース（オープン・スペース）」があります。しかし，これらの施設は，ほとんど，使われていないのが現状です。"新しい酒は新しい革袋に盛れ"の諺に従うならば，これらの施設を"新しい革袋"にしたいのです。そして，そこで，Ⅱ章で作り出してきた多様な新しい授業を展開したいのです。

　図書室はその象徴的存在です。司書がいないというのが主たる理由だと考えられています。たしかに，それはそうでしょう。一般の学校では，図書係が放課後委員会活動として，図書を貸し出したり，秋の「読書週間」を催しているくらいです。しかし，本当の理由は別のところにあります。先回りをして言いますと，図書室はやがて「アクティブ・ラーニング」にとって拠点となる「学習活動の場所」になるでしょう。

　私は1970年から72年，アメリカの小学校で2年間，大学のTA（ティーチング・アシスタント）として指導にかかわったことがあります。全学年2クラスの学校でしたが，週に2日間来るパートの司書がいました。特に国語や社会科などで，単元の導入時に単元に係る本を紹介したり，読み聞かせたりしていました。すなわち，学級担任たちと協力して学習指導にかかわっていたのです。日本では，資格のこともあって，司書は学習指導にかかわらないことになっているようです。また，日本の教師は教科書中心でそれ以外の教材を使うことに積極的ではありません。国語で言えば，アメリカは多読主義で，日本は精読主義です。ここに根本的な問題があります。

　実は，小学校の特別教室もほぼ同じ問題を抱えていて，専科の教師のいない特別教室は使われないのです。その上，日本の教師は「自分

の教室」から出ることを嫌う傾向にあります。この傾向は，ティーム・ティーチングを避けようとする教師の傾向とともに，今後，「アクティブ・ラーニング」にとって大きな障害になると考えられます。

(3) 中学校では，国語，社会，数学，英語は教科教室を持たない

　運動や作業を伴うとか，実験や実習が多いとか，騒音が出るという理由から，理科，音楽，美術，体育，技術・家庭には教科教室と準備室があります。それに対して，国語，社会，数学，英語は教科教室を持たず，普通教室で授業を行います。教科教室と準備室を持つ教科は，「アクティブ・ラーニング」のために教科教室と準備室を活用できますが，教科教室と準備室を持たない教科は「アクティブ・ラーニング」のための場所がありません。したがって，「アクティブ・ラーニング」は普通教室の中で考えざるを得なくなるのです。

　言うまでもなく，国語，社会，数学，英語は授業時間数が多く，主要教科とも言われます。これらの教科に教科教室と準備室がないという理由はなんでしょうか。主たる理由はこれらの教科のねらいは教室という空間の中で教師の話を静かに聞くという"座学"で達成されるものと考えられてきたことにあります。作業や実験といった体験的な活動は必要ないと考えられていたとも言えます。せいぜい，隣同士での短い話し合いくらいで十分であると考えられてきたのです。しかし，これらの主要教科で，子どもたちの活動的，能動的な学習活動を期待する「アクティブ・ラーニング」を展開しようとする時，普通教室だけでは無理なことで，これらの教科にも教科教室と準備室が不可欠になるでしょう。

　逆な言い方をすれば，普通教室という物理的な制約から，主要教科では「アクティブ・ラーニング」が行われないでしょうし，行われても，隣同士での短時間のディスカッション（話し合い）か，4つの机を合わ

Ⅴ　アクティブ・ラーニングのための「学習活動の場所」を創る

せて簡単なグループ・ワークくらいになってしまうのです。「アクティブ・ラーニング」をしようとするのなら，学習活動のための場所の確保が必要です。

2　「学習センター」「教科センター」を創る

(1)　空き教室を「学習センター」「教科センター」に改造する

少子化に伴って，どの学校にも，かなりの数の空き教室があります。大きな町の中心部にある学校には，特に多くの空き教室があります。一部は生涯教育の施設となっていたり，第2図書室，第2資料室，第2児童会・生徒会室となっていますが，普段は鍵がかけられていてあまり使われていないのです。

それでも，2000年に突然「学力低下」が叫ばれるようになったのですが，それ以前には，いくつかの学校で空き教室に「学習センター」が作られました。多くは廊下の突き当たったところにある教室を作り変え，小学校では「学年教室」，中学校では「教科センター」などの名前を付けていました。

小学校の低学年では「学年教室」で生活科の授業が行われ，高学年で

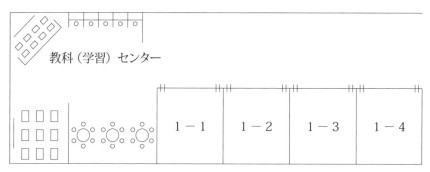

図5-1　空き教室の「学習・教科センター」化

は総合的な学習が展開されてきました。特別活動の場としても使われてきました。中学校では，特別教室を持たない国語，社会，数学，英語の「教科センター」として使われてきました。

(2) 図書室や視聴覚室やコンピュータ室を「学習センター」「教科センター」に仕立てる

どこの学校にも，図書室や視聴覚室やコンピュータ室があります。どうした訳か，廊下が行きづまった最後の場所に，図書室や視聴覚室やコンピュータ室が作られています。廊下を取り込んでいるお陰で，やや広い空間になっています。また，図書室には書棚とともに小テーブルが備えられており，視聴覚室はかつてはリスポンス・アナライザーが備え付けられていたり，LL教室であったりしましたが，今では，スクリーンや大型テレビなどが備え付けられています。コンピュータ室には，もちろん，コンピュータが備え付けられているのですが，今や，コンピュータの分散型の使用が一般化していて，

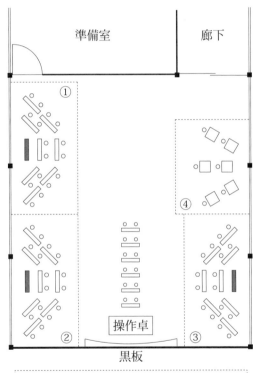

図 5-2 視聴覚室の「学習・教科センター」化

使用頻度が低下してきていると考えられます。

　実は，図書室について述べておきましたが，図書室や視聴覚室やコンピュータ室は使用頻度が高くないのです。繰り返して言えば，教師は「教室」から出たがらないのです。しかし，図書室や視聴覚室やコンピュータ室に備え付けられている教材・教具や備品は「学習センター」「教科センター」に仕立てるのに大いに役立ちます。

(3) 多目的（オープン）スペースの「学習センター」化と「教科センター」化

　1984年，当時の文部省が「多目的（オープン）スペース」に補助金を支出するようになって以来，多目的スペースを持った学校，特に，小学校は急激に増加し，今日では，10校に1校は多目的スペースを持った学校です。一般的な形状は「廊下拡張型」で，文字通り，教室の前の廊下部分を広くとって，オープン・スペースとしているものです。かつては教室と廊下の間の仕切り（壁）を取り払うタイプが多かったのですが，近年は間仕切りが入ったタイプに代わってきています。

　本格的な形状は小学校では「学習センター型」で，中学校では「教科教室型」です。前者は校舎の中心部に「多目的ホール」あるいは各学年フロアに「学習センター」を設け，教室をその周辺に配置するというものです。いわゆる経済の"バブル期"には，いくつか建てられましたが近年はあまり建てられません。後者はすべての教科に教科の「学習センター」を持たせた中学校です。多くはありませんが，近年増えてきています。

　付け加えておきたいことは，子どもたちの学習活動が地域社会に広がってきたことです。地域社会との人的な連携はPTA活動を越えて，1990年代になると，子どもたちの学習活動を支えるボランティア活動となっていきました。また，生活科や総合的な学習の開始とともに，子

写真 5-1　小学校のオープン・スペース

写真 5-2　中学校の教科教室型オープン・スペース

Ⅴ　アクティブ・ラーニングのための「学習活動の場所」を創る

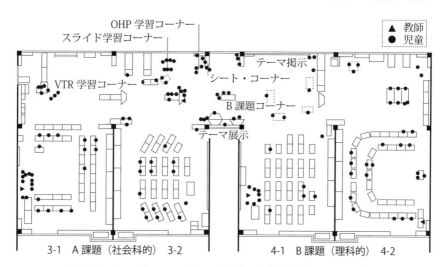

図 5-3　オープン・スペースを活用した学習展開（小学校）

図 5-4　多目的ホールを活用した学習展開（小学校）

どもたちは社会科での「社会見学」を越えて，地域の図書館，資料館・博物館を活用する世になっていきました。

3 ICT時代のアクティブ・ラーニングを考える

(1) コンピュータによって個別学習活動を管理する

　私たちが目指す「アクティブ・ラーニング」は，繰り返し述べてきたように，子どもたち「一人ひとり」が「多様な」授業の中で活動的，能動的に学習するものです。こうした学習活動を通して，「自ら考え，判断し，行動できる」主体性，自主性を育ててほしいと願っているのです。
　コンピュータには2つの機能を期待したいのです。
　1つは指導・学習システムを支援するマネジメント機能です。今では，教務事務を支える形でどこの学校でも使われています。出欠席や成績などを管理するだけでなく，一人ひとりの子どもの学習活動の履歴，それに対する支援の履歴の管理にコンピュータを活用したいのです。一人ひとりの子どものカリキュラム管理と言ってもよいかと思います。なぜなら，原則として，子どもたちは「一人ひとり」学習活動が違っていて，しかも，学習活動の成果も違っていると考えられるからです。言い換えると，子どもたち「一人ひとり」について，学習活動のポートフォリオを作成したいのです。
　かつて，「モジュラー・スケジュリング」のソフトが開発されたことがあります。今日，「個別学習活動管理」システムを開発することは容易だと思われます。

(2) コンピュータによって学習活動を支援する

　他方，教師と子どもたちを結ぶコンピュータによる双方性のシステム

は、「アクティブ・ラーニング」にとってきわめて有効なツールです。

　大学の話になりますが、アメリカの友人の大学では、学生が入学してくると、全員の学生は自前で「Task Stream」と言われるソフトに加わることが義務付けられている、と聞きました。このソフトには、その名の通り、授業で課されるタスク（課題）を探究するためのテンプレート（定型書式）などが用意されていて、その書式に従って学習することができるのだそうです。また、そこで展開される課題探究学習の記録が蓄積されるようになっていて、そのままポートフォリオになる仕組みになっているとのことです。

　もちろん、教師はこのソフトを通して授業に必要な資料などを提示でき、学生が書いてきたその時々のレポートにコメントを加えることもでき、成績も付けることができるそうです。

　今日では、日本の大学でも「Moodle（Modular Object-Oriented Dynamic Learning Environment）」が広く使われています。「Moodle（ムードル）」とは、「授業で利用できるフリーの学習支援ソフトで、インターネットのオンライン環境でいつでもどこでも利用できる」ものです。教師による「掲示板」はもちろんのこと、学生は教師が提供した資料をダウンロードでき、教師が提示した学習課題を学生が行い、教師に報告し、教師は評価することができるプログラムです。さらに、教師も含んで学生同士が意見交換することができ、議論の場ともなるのです。

　小、中学校や高等学校のレベルでも、考えられてよいCMI（コンピュータ・マネジド・インストラクション）システムではないかと考えられます。

(3) コンピュータによって「学習ガイド（手引き）」を作成，普及させる

　Ⅶ章で詳しく述べますが、子どもたちが1人で、2人で、あるいは小

グループで学習する第4から第9までの授業モデル（53頁の図2-1参照）の授業には，何らかの「学習ガイド（手引き）」を作成しなければなりません。『学習パッケージ』は学習活動によってかなりの数の「学習シート（カード）」「資料シート（カード）」「評価シート（カード）」を伴います。したがって，作成にかなりの時間とエネルギーが必要です。

　ある学校（もしくは教師）によって作成された「学習ガイド（手引き）」は他の学校（もしくは教師）と共有し，活用すべきです。また，「学習ガイド（手引き）」を普及させていくべきです。そのために，コンピュータを活用することを，ぜひ，構想していかなくてはなりません。案外，このことが「アクティブ・ラーニング」にとって必要不可欠な条件になってくるのではないかと考えます。

Ⅵ
アクティブ・ラーニングのための「学習環境」

・・・・・・・・・・・ プロローグ ・・・・・・・・・・・

　この章は前の章と一対になっています。前の章では，もっぱら，アクティブ・ラーニングが行われる場所（スペース），すなわち，"新しい革袋"を見つけることを問題にしてきました。次に，この章では，教室に加えて，「学習センター」や「教科センター」に"しつらえ"る「学習環境」について考えたいのです。"新しい酒"，すなわち，Ⅱ章で作り出した10の授業モデルのための"新しい革袋"は21世紀社会にふさわしく"しつらえ"られるべきです。

　「マン・トゥ・マン」システムのもとで行われる一斉授業は，教師という人的学習環境に全面的に依存しています。したがって，物的学習環境は重視されてきていません。それに対して，「マン・トゥ・エンバイロメント」システムに支えられるアクティブ・ラーニングは人的学習環境とともに，より物的学習環境に依存します。教師，ボランティア，専門家は，一人ひとりの子どもに個に応じた助言や指導を与える「支援者」として重要ですが，印刷教材，視聴覚教材，操作教材やコンピュータ・タブレットといった物的学習環境がより重要になってきます。すなわち，子どもたちが自ら活動的，能動的に学習活動を展開できるように，「学習センター」や「教科センター」は学習テーマに応じた学習活動に役立つ学習材・学習具を用意し，物的学習環境を整えるべきです。

　ここにしつらえる学習環境には2つの働きが期待されます。1つは"雰囲気を醸し出す"という「間接的」学習環境を作り出すという働きです。こうした"雰囲気を醸し出す"環境を「やる気・学習意欲を刺激する学習環境」と名付けておきます。もう1つは"学習活動に使う学習材・学習具がある"という働きです。この「直接的」学習環境を「学習活動を促進する学習環境」と呼んでおきます。

1　多様で豊かなメディアで「学習環境」をしつらえる

(1)　教室環境は殺風景である

　子どもたちが家に帰った後の教室を見るとよくわかるのですが，教室にあるのは黒板と教卓，それに子どもたちの机だけです。もちろん，今では，前方の天井からテレビとスクリーンが下げられています。明らかに，学級全員が一斉に見るという"しつらえ"です。それでも，小学校低学年の教室にはいろいろな掲示物があって，多少，"暖かな"感じがします。しかし，特に，中学校の教室は殺風景です。掲示物もほとんどありません。

　何度も繰り返しますが，教室は教師の話を静かに聞いて，言われていることをしっかり理解する場所というわけです。教師にとっては知識を"伝授する"場であり，子どもたちが"座学"するところです。そのためには，教師が使う黒板と教卓，子どもたちの机だけで十分というわけです。他に必要なものは教科書ぐらいです。むしろ，何か他にあっては，子どもたちの集中力が乱れ，一斉授業の障害になるというのです。まさに，教室環境は"学びの道場"というわけです。

　それに対して，アクティブ・ラーニングは「マン・トゥ・エンバイロメント」システムに支えられるべきであり，そこでこそ，子どもたちは真に活動的で，能動的に学習活動を展開することができる，と私たちは考えているのです。静寂な，落ち着いた学習活動ではなく，興奮した，コミュニケーション豊かな学習活動を想定しているのです。

　人間は自分が見つけたこと，おもしろいと思うことなど，他人に話したい，聞いてもらいたい存在です。大人から見れば，大したこととは思

われないことでも，子どもたちは大人に話したい，聞いてもらいたいのです。家庭には，「お母さん，お母さん」と呼ぶ子どもたちの声が"うるさい"ほどです。小学校低学年の教室は「先生，先生」と呼ぶ子どもたちの声が充満しているはずです。もしそうでないとしたら，お母さんや教師は子どもの自発性を殺（そ）いでいると考えるべきです。

(2) 「やる気・学習意欲を刺激する学習環境」をしつらえる

　子どもたちを学習環境の前に直接立たせ，子どもたちを学習活動に駆り立たせるように創意工夫すべきです。

　1つは子どもたちを学習活動に「誘い込む」工夫です。もう1つは，子どもたちの学習活動を「促進する」工夫です。したがって，学習環境

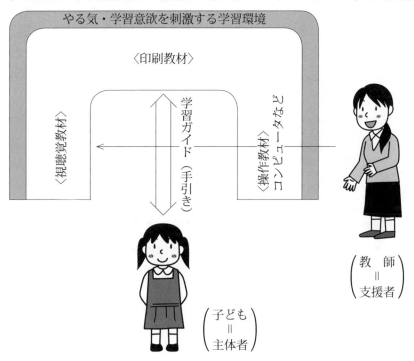

図6-1　人的・物的学習環境と相互作用

写真6-1　学習したくなる環境（小学校4年・社会科「島の生活」）

写真6-2　学習したくなる環境（小学校3年・理科「風やゴムで動かそう」）

は「間接的・直接的」という二重構造になっています。

1つは子どもたちを学習活動に誘い込む「やる気・学習意欲を刺激する学習環境」で，学習活動を外から覆うような「間接的，専門的雰囲気」と名付けることのできる環境です。そこに行けば，学習したくなるような「雰囲気」を"醸し出す"環境と言い換えてよいと思います。

小学校で言えば，単元名や単元の目当てを示した大きな掲示物を，入り口や目立つところに貼るとよいでしょう。また，一目で学習活動の手順やルールがわかる掲示物，活動にかかわる写真や参考書や模型や道具や実験器具，前の学年の子どもたちが残した成果など学習活動の全体像がわかるように工夫するとよいでしょう。

中学校で言えば，たとえば，英語科での場合，英語科学習スペースを，これから学ぶ単元にかかわる写真などの展示物や，会話のビデオを見たり聞いたりするブース，学習活動に必要な教材・教具などで構成するとよいでしょう。さらに，そこに行けば，英語で話す人たちがいて，英語が聞こえてくる雰囲気があるともっとよいでしょう。

(3) 「学習活動を促進する学習環境」を用意する

「教科書を教える」ためなら，整理整頓された教室に黒板とチョークがあれば，十分でしょう。もちろん，教科書の内容をより丁寧に詳しく説明した「教科書教材」があれば，さらに教えやすいでしょう。

近年，「教科書教材」は実に多様で豊かになってきました。印刷教材は資料集，参考書，ブックレット，新聞，パンフレットなど，図書室に多く置かれるようになりました。視聴覚教材も，コンセプト・フィルム，CD，DVDなど豊かになってきました。ゲームなどの操作教材も使えるようになってきました。

言い換えると，これら多様で豊かな教科書教材を活用して，教師はその気になれば，容易に「教科書で教える」ことができるようになりま

写真6-3 学習したくなる環境(中学校英語科学習スペース・単元「お母さんの子守歌」)

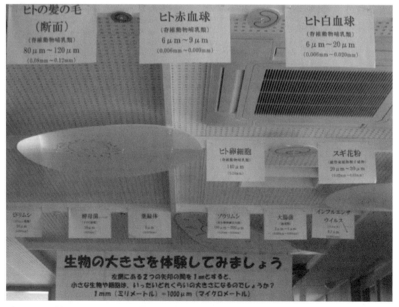

写真6-4 学習したくなる環境(中学校理科学習スペースの天井のしつらえ)

Ⅵ　アクティブ・ラーニングのための「学習環境」

した。しかし，残念なことは，多くの教師たちは多忙さの中にあって，「教科書で教える」ことをしていないのではないかと思われるのです。

　ここで考えたいことは，これら多様で豊かになった教科書教材を活用して，子どもたちが活動的に，能動的に学習することを期待する「アクティブ・ラーニング」のための学習環境を創りだすことです。そのためには，「教材」という概念を「学習材」という概念に置き換える必要があるということです。「教材」は教師が教科書の内容を教えるための「材」と捉えられます。それに対して，「学習材」は子どもたちが学習活動に用いる「材」で，両者をはっきり区別して捉える必要があるということです。

　このコンセプトの区別はきわめて革新的です。なぜなら，教師が教えるために使う「教材」は教師の視点で開発されます。教科書教材はまさに教師が教えやすいようにできているのです。しかし，「学習材」は子どもたちの視点より開発され，子どもたちが使うものです。そこには，単に子どもたちが使いやすいと言うだけでなく，子どもたちの興味や関心，認知・思考スタイルが反映されていなければならないのです。実のところ，こうした「子どもの学習」という視点から創られた材はないのです。

　そもそも，子どもたちが手にしている教科書は，教師が介在して使える代物で，「学習材」ではありません。同じことが参考書や資料集についても言えます。漢字にルビがふられているとか，説明が少しやさしくなっている程度です。改めて，子どもの視点から創り変えられるべきです。

(4) 汎用性のある学習材と特殊性を持つ学習材

　上で述べたように，「教材」と「学習材」を峻別しました。なぜなら，子どもたちが活動的，能動的に学習することを期待する「アクティブ・

ラーニング」では，教師が授業の主体者ではなく，子どもたちが主体者だからです。次にもう1つ，「アクティブ・ラーニング」のための学習環境づくりに当たって，学習材から「学習具」を切り離しておきたいのです。なぜなら，「学習具」，たとえば，テレビ・セットはどの単元にも使える汎用性を持っているハードウェアだからです。それに対して，テレビ・セットを使って映し出す内容は学習する単元によって異なるソフトウェアだからです。実は，「学習材」というソフトウェアにも，事典，百科事典，資料集など汎用性のあるものがあり，図書室には，教科別に分類された棚もありますが，一般的には汎用性のあるものが置かれています。

　「学習センター」「教科センター」の学習環境を構成しようとする時，どの単元にも使える汎用性のある学習材と，この単元でのみ使える特殊性を持つ学習材を分けて考えねばなりません。前者は学習環境の基本的な構成物で，後者は単元ごとに取り換えるべき構成物です。上で見た写真（118，120頁）にある「掲示物」はすべて後者です。

2　過去・現在・未来を結ぶ「学習環境」を意識する

(1)　「輪郭のはっきりしない」学習環境の効用を認識する

　学校は学年制が敷かれていて，学年ごとに区切られ，教室という空間で他の学級と区切られています。したがって，教師も，子どもたちも，学年と学級という閉ざされたセルの中で生活し，学習しています。中学校では，教科担任制が敷かれていて，教科ごとに細分化されています。そこには，開放性や連続性が著しく欠如しています。このことは近代学校制度が秘めている根本的な特徴です。

Ⅵ　アクティブ・ラーニングのための「学習環境」

　私たちがここで問題にしてきている学習環境の内，「学習活動を促進する学習環境」はこのセルの中にあって，目的のはっきりした学習環境です。子どもたちがその単元の目指す目的を達成できるように直接的，かつ，組織的に創られた環境です。

　それに対して，「やる気・学習意欲を刺激する学習環境」は間接的，かつ，開放的で，環境が発する情報量は大きく，拡散的です。どの情報を受けとってくれてもよく，子どもたちが"何かおもしろそうだ""やってみたい"と感じてくれればよいのです。人間が（子どもも同じですが），"何かおもしろそうだ""やってみたい"と感じるとは，教育的に言えば，単にこれから行う単元の学習だけでなく，過去の学習とつながっている，あるいは，未来につながっていると，感じ取ることができる状態です。このことが学習環境づくりで意識されていることが重要です。すなわち，こうした開放的，拡散的学習環境はこの単元でこれから学習することだけでなく，将来，学習することとかかわっていることが重要です。

　外から見えている，あるいは，見えることを意識したいのです。すなわち，他の学年の子どもたち，多分大人たちにとっても，「やる気・学習意欲を刺激する学習環境」であってほしいのです。他の学年の子どもたちが「自分たちも5年生になったら，あんな学習ができるらしい。楽しみだ。」と思ってもらえる学習環境でありたいのです。刺激的な，大量の情報が学校の中に充満していることが有用なのです。音楽や匂いが醸し出す環境も同じです。

(2)　コンピュータやタブレット端末器は有力なツールである

　言うまでもなく，ICT時代を迎えて，コンピュータやタブレット端末器がきわめて有力な新しい学習環境となってきているのです。すなわち，それ自体が1つの"独立した"学習環境です。

　印刷教材，視聴覚教材や操作教材を「オールド・メディア」と呼び，

コンピュータやタブレット端末器を「ニュー・メディア」と区別することがありますが，今や，あらゆる情報が「そこにある」のです。子どもたちはいつでも，どこでも，「ニュー・メディア」を使って必要な情報を入手できるのです。もちろん，問題解決を目指して，入手した情報を加工し，蓄積しておくこともできます。さらに，他の人と情報を交換することもできます。

現在までのところ，日本の学校教育はコンピュータやタブレット端末器に"冷淡"です。相変わらず，教師に依存した授業が主流で，コンピュータやタブレット端末器の活用にはきわめて慎重です。教師が主に操作する「デジタル教科書」の導入ですら，慎重です。子どもたちが主に操作する「タブレット端末器」の導入は断固反対といったところです。子どもたちが遊んでしまい，学習活動が拡散しかねないというわけです。たしかに，コンピュータやタブレット端末器は開放的，拡散的学習環境ではありますが，子どもたちの「アクティブ・ラーニング」を刺激し，促進する有力なツールとなるものです。

3　アクティブ・ラーニングには「カリキュラム・デザイン」が必要

(1)　「学習センター」「教科センター」を活用する

現状の校舎建築は一斉指導のための「教室」が中心施設です。教室には安全や騒音といった物理的理由から教科別「特別教室」が加えられてきました。視聴覚室やコンピュータ室は近年の教材・教具の発達を反映して作られた教室で，いまだ，よく使われているとは言い難い教室です。図書室は戦後の新教育の"シンボル"として半ば強制的に作られてきた施設ですが，これもまた伝統的な一斉授業体制の下で，いまだ，よく使

Ⅵ　アクティブ・ラーニングのための「学習環境」

われている施設ではないのです。その証拠と言ってもよいのですが、図書室は廊下の行き詰まったところに位置しています。

　私たちは、前章で見てきたように、こうした校舎建築の現状の中で、「教室」をベースにしながら、「アクティブ・ラーニング」の場を"あまり使われていない"図書室、視聴覚室、コンピュータ室に、さらに、"使われていない"空き教室、さらには、近年付け加えられている多目的スペース（オープン・スペース）に「アクティブ・ラーニング」の場をもうけたいとしてきました。

　こうした校舎建築の現状は、学校ごとに、きわめて大きく違います。たとえば、空き教室が多くある学校とほとんどない学校があります。多目的スペース（オープン・スペース）を持つ学校がある一方、旧来型の廊下しかない学校があります。したがって、どこに「アクティブ・ラーニング」の場としての「学習センター」「教科センター」を構成するかは、学校次第ということになります。

　実は、こうした校舎建築の在り方が、繰り返し批判してきたように、大多数の教師が「アクティブ・ラーニング」を「教室の中でのディスカッション（話し合い）やグループ・ワーク」と捉えてしまっている原因の1つに違いないのです。本格的な「アクティブ・ラーニング」のためには、"新しい酒は新しい革袋に盛れ"という諺に従い、まずは、自分の学校で「アクティブ・ラーニング」を行う場所を作りたいのです。

(2) アクティブ・ラーニングを行う重点教科を決める

　これは「アクティブ・ラーニング」の年間指導計画のことです。言い換えると、すべての教科で「アクティブ・ラーニング」を行うことはできない相談ですし、その必要もないということです。それぞれの学校はそれぞれ「アクティブ・ラーニング」を行う重点教科を決めて行うべきでしょう。

自分たちの学校は基礎学力の向上を目指していて，算数・数学で第1から5の授業モデル（53頁の図2-1参照）を使って，「アクティブ・ラーニング」を行うとか，対極的に，自分たちの学校は総合的な学習を充実させたいので，第5から9の授業モデルを使って，「アクティブ・ラーニング」を行うとかいった年間指導計画を立案しなければなりません。さらに具体的に，小学校では学年で，中学校では教科で，どの単元で，学期に何回計画するのか，検討しなければなりません。

　たとえば，小学校低学年は生活科で，中学年は算数で，高学年は社会科を中心に「アクティブ・ラーニング」を計画するという年間指導計画が考えられます。中学校では，すべての教科で「アクティブ・ラーニング」を計画することが理想ですが，まずは，国語と英語，社会と理科で，各学期に1単元行うという年間指導計画が考えられます。

(3) 通常の45分，50分の授業時間を柔軟に立案する

　「アクティブ・ラーニング」を行う年間指導計画を立案する時，同時に，「アクティブ・ラーニング」を行う"学習時間"についても計画してほしいのです。すなわち，通常の45分とか，50分という学習時間について，柔軟に立案すべきです。なぜなら，子どもたちが活動的，能動的に学習活動を行う時，通常より長い学習時間が必要になると考えられるからです。

　日本人なら誰でも知っているように，10分間の放課が終わり，教師が教室に入ってきて初めて授業が始まります。当番の「起立。礼」の号令のもとで始まります。今では，「よろしくお願いします」というあいさつの言葉かもしれません。それを受けて，教師が「今日の課題は……です。始めます」と言って授業が始まり，45分あるいは50分して，ベルが鳴り，授業は終わります。この当然の「動と静のリズム」に誰も異議を唱えません。

一人ひとり実験をする理科の授業，すなわち，「一人学習」の授業が昼休み前の時間にあった時，ある一人の子どもが「昼休みにも続けて実験をしたい」と言って，昼食も忘れて，実験に没頭した，と聞いたことがあります。また，木曜日の最後の総合的学習の授業で，「自由課題学習」をしていた子どもたちが，授業時間が終わっても，家に帰る時間になるまで，学習し続けていた，と聞いたこともあります。10分の放課，45分あるいは50分の授業という今のリズムの刻み方は，こうした子どもたちの学習意欲やエネルギーを殺してしまっていると言えます。

　真に子どもたちの活動的，能動的な学習活動を組織したいのなら，今日の日課表は見直さなければならないでしょう。15分とか，20分とかといった「モジュール」をベースに「モジュラー・スケジューリング」を行い，授業時間を弾力的にすべきでしょう。

　コンピュータでプログラムを作ることは容易なことです。学習指導要領によれば，年間授業時数を確保すれば，学校はどのようにでも単位時間を決めることができるのです。

VII
アクティブ・ラーニングのための「学習ガイド（手引き）」の作り方

・・・・・・・・・・・ **プロローグ** ・・・・・・・・・・

　教師だけに依存してきた授業の在り方は改革されるべきであり，子どもたちを豊かで多様な学習環境の中に解き放つ時，子どもたちは自ら活動的，能動的に学習し，そのことによって，主体性，創造性を育む可能性が生じると考えてきました。もう1つ，最後に，付け加えておかなければならないことがあります。ほとんどすべての教師，そして，教育学者にとって"耳が痛い話"です。それは，順次，子どもたちを教師の「指示と発問から解放」しなければ，「アクティブ・ラーニング」は本物にならないということです。指示と発問に取って代わる手立てが「学習ガイド（手引き）」です。子どもたちが教師の指示と発問から解放されて，多様で豊かな学習環境に自ら挑戦していくとしても，放任しておくわけではありません。子どもたちには，課題解決を目指す探究活動を導く「学習ガイド（手引き）」が必要になってくるはずです。
　「学習ガイド（手引き）」は，授業モデルによって教師が用意する場合もあれば，学習課題づくりのプロセスを通して，子どもたち自身が，教師や友だちと相談しながら作っていく場合があります。学習目標によって，「よく組織化されたもの」から，「大いに解放されたもの」まで，幅広く考えられます。この章では，そうした「学習ガイド（手引き）」の作り方に焦点を当てます。
　53頁の第3～8の授業モデルの授業には，「学習ガイド（手引き）」に導かれた「学習シート」「資料シート」「評価シート」などで構成する『学習パッケージ』が必要になります。それに対して，第9，10の授業モデルの学習は教師と子どもたちとの契約学習になり，子どもたちは「学習計画シート」「契約シート」を自ら書き，学習を始めます。

1 「学習ガイド（手引き）」で学習活動の全体を与え，「メタ認知」を育てる

(1) 「構造的」から「非構造的・否構造的」へ

　Ⅱ章で問題にしてきたように，学習活動に対する「イニシアティブ」は「参加型授業」から「参画型授業」に向かって，教師から子どもたちに移っていきます。さらに，「一人学習」から「自由研究学習」に向かって，イニシアティブは子どもたちに大きく移っていきます。「学習ガイド（手引き）」はこのイニシアティブの移動を反映して作成します。
　「一人学習」「二人学習」「小グループ学習」から「発展課題学習」「課題選択学習」では，教師が原則「学習ガイド（手引き）」を準備し，その性格も構造的なものになります。すなわち，「学習ガイド（手引き）」の中の「学習活動」が具体的に，時に，細かく指定されたものになります（表7-3，137頁参照）。ただし，「発展課題学習」「課題選択学習」は教師の単元に対する意図によって，「学習ガイド（手引き）」の性格は非構造的なものとなります。すなわち，「学習ガイド（手引き）」の中の「学習活動」が"おおまかな"ものになり，子どもたちが創意工夫する余地がうまれるものになります（表7-1，表7-2，134-135頁参照）。
　それに対して，「自由課題学習」や「自由研究学習」では，子どもたちが，1人で，あるいは，小グループで「学習計画シート」あるいは，「契約シート」を自ら作成していきます。教師は，立案に当たって子どもたちに助言し，支援していく立場に変わります。この場合は，否構造的なものになります。すなわち，「学習ガイド（手引き）」を構成する「学習テーマ」「学習活動」「まとめ方」などが具体的に指定されたものではなく，子どもたちが自分たちで決めていくものになります（表7-6，

7-7, 140, 141頁参照)。

(2) 第1,2の授業モデルには,「学習適性(学習スタイル)」を処遇した個別指導が必要である

以下,より詳しく例を挙げて,説明していきます。まず,指導内容に強い系統性があると考えられている用具系教科,すなわち,国語,算数・数学,英語では,教師がイニシアティブを取り,多くの単元で,53頁図2-1の第1,2,3の授業モデルが採用されると考えられます。この3つの授業モデルによる授業は教師による「一斉指導」をベースにしていますので,多くの説明は不要かと思います。しかし,一斉指導についてこられない,すなわち,「落ちこぼれ」と言われる子どもたちに,何らかの学習シートを用意して,「個別指導」を行うべきです。先にも触れたのですが,「時間をかけて丁寧に指導する」といった対応だけでは十分ではありません。「アクティブ・ラーニング」では,教師は一人ひとりの子どもの「学習適性(学習スタイル)」に配慮し,可能な限り個別指導をしなければなりません。

この「学習適性(学習スタイル)」という概念は,1960年から70年にかけて盛んだった個別化・個性化教育運動の中でより明確にされたコンセプトです。子どもたちは一人ひとり,学習に必要な時間や使う教材や教具に対する適性が違い,さらに,思考スタイル・認知スタイルが違い,したがって,まとめ方や発表の仕方も違うというものです。したがって,教師による指導はこうした「個人差」に配慮して行われなければならない,と言うのです。

第1や2の授業モデルで行われる授業は特に個人差に配慮したものでなくてはならないでしょう。「補充指導」では,一斉指導の後で補充指導を必要とする子どもたちを「到達度」によってコースを分け,個別指導をします。一方,「学力別指導」では,授業の初めからコースに分

けて指導していくのです。ともに,「学習適性(学習スタイル)」への配慮が欠かせません。

第1,2の授業モデルによる授業の場合,子どもたちが用いる学習材は「学習適性(学習スタイル)」を処遇した「練習問題シート」の形になります。「練習問題シート」が「学習適性(学習スタイル)」別のコースに分けて作成されることも考えられます。

一般的な「学習適性(学習スタイル)」の処遇の仕方は,指導内容に強い系統性があると考えられる用具系教科ですので,到達度別,学力別に上,中,下位の3つのグループを意識して行われます。この3つのグループに対して,主に学習時間と教材教具に対して配慮するという在り方です。"より多く目をかける"とか,"誰と一緒に学習させるか"といった細かな配慮も重要になることは当然です。

(3) 第4, 5, 6, 7, 8の授業モデルには,「自力解決学習」を保障する「学習ガイド(手引き)」に導かれた『学習パッケージ』を用意する

次に,指導内容に強い系統性があるとは言えない内容系教科,すなわち,社会,理科(国語の「説明文」分野,算数・数学の「図形」分野も含んで)では,子どもたちがイニシアティブを取り,第4, 5, 6, 7, 8の授業モデルが採用されると考えられます。前の3つの授業モデルによる授業は共通課題を1人で,あるいは友だちと協力しながら「自力解決」していく学習です。それに対して,後の2つは課題が選択できるようになっているか,課題を自分で決め,1人で,あるいは友だちと協力しながら「自力解決」していく学習です。前者は22頁図1-3のカテゴリーBに属し,後者はカテゴリーCに属す授業です。

1)「学習ガイド(手引き)」で学習活動の全体を与え,「メタ認知」を育てる

Ⅶ アクティブ・ラーニングのための「学習ガイド（手引き）」の作り方

　繰り返しになることを自覚していますが，教師は，一斉授業では，指示と発問を通して子どもたちの学習活動を組織していきます。しかし，子どもたちの主体性，創造性の育成という観点から見ると，学習課題が「小出し」にされていて，子どもたちにとって，授業の全体像がはっきり見えないのです。全体像のはっきりしない状態では自ら活動的，能動的には動けないのが道理です。航海図を持たずに船を動かすことはできません。それは情報やデータがなければ探究活動ができないのと同じです。

　教師の方は年間指導計画，単元指導計画に基づいて「指導案」があり，本時のねらい，学習活動の流れ，指導の留意点を理解したうえで，授業に臨んでいるのです。しかし，子どもたちは，授業の初めに，今日のねらいを知らされるという状況です。しかも，子どもたちは，教師の指示と発問を受けて，1つひとつ学習活動を行っていくのです。

　Ⅲ章で見たように，メタ認知を育てることが「アクティブ・ラーニング」にとって不可欠な要素です。したがって，「学習ガイド（手引き）」には単元の全体像が示されていなくてはなりません。

(1) 単元のねらい
(2) 単元に許されている学習時間
(3) 学習活動の流れと学習課題
(4) 用いることができる情報やデータ，学習材・学習具
(5) 時間調整を兼ねた発展的課題
(6) まとめや発表など全体像

が一目でわかるように示します。授業の最初の時間に，「学習ガイド（手引き）」を読み，全体像を捉えさせ，メタ認知を育むのです。

2) 2つの事例を通して「学習ガイド（手引き）」を説明する

① 小学校の「学習ガイド（手引き）」

　表7-1は小学校5年の理科「音」の単元のための「学習のてびき（学

表7-1 小学校5年　理科「学習のてびき（学習ガイド）」

学習のてびき（5年　理科「音」）

――― この「てびき」の目標 ―――
1．音の伝わり方や強弱と振動の関係を理解することができる。
2．音の反射，吸収をくふうして調べることができる。
3．音の性質を利用しておもちゃを作ったり生活の中に生かそうとしたりすることができる。

――――― 標準時間　400分（9時間）

|0|　"音調べ"をしましょう。耳をすましてみてください。いろんな音が聞こえますね。となりの教室の声。廊下をあるく足の音。運動場からのスピーカーの音。今から先生が<u>見えるところ</u>と<u>見えないところ</u>で「たいこ」を強く，また，弱くたたきます。よく聞いて，「資料カード」(1)に答えてください。さあ，始めます。

		カード	教科書	理科ノート	
1	たいこの音の出方，伝わり方を調べて音はどのようにしてわたしの耳に聞こえてくるのか調べよう。	学習カード1 解答カード1	P.34〜40	P.86〜89	VTR1 資料カード(2)

▶できた人は理科ノートにまとめよう。

| 2 | 音がはねかえったり，進む方向がかわったりすることについて調べよう。 | ヒントカード | P.41〜43 | P.90〜91 | |
| 3 | 弱い音や強い音の出方のちがいについて調べよう。 | 学習カード2
解答カード2 | P.44〜45 | P.92〜93 | VTR2 |

▶理科ノートを先生に提出しよう。
――― ここまでは全員通過するようにがんばりましょう。―――

| 4 | 「音」の単元で学習したことをもとに「音をだすもの，伝えるもの，音を集めるもの」を読んでみよう。 | | | | 作品例
冊子 |

Ⅶ アクティブ・ラーニングのための「学習ガイド（手引き）」の作り方

表7-2 中学校3年 数学「学習ガイド」

学習ガイド（3年 数学「二次方程式」） 9時間

学習の目的	二次方程式を知る ↓ 解き方に習熟する ↓ 問題解決に活用する	※簡単な二次方程式やその解法を理解し，二次方程式を用いて実際の問題を解決できるようにする。		
学習の進め方	学習内容の確認 ↓ 学習計画の作成 ↓ 学習・自己評価　← ↓ チェックテスト ↓　　↓ 復習　→　発展	○この単元では，学習内容を確認した後，自分で計画した方法で学習をすすめる。 ○毎時間，学習内容をカードに記入し，計画変更も自由である。 ○学習の進め方も，次のように自由である。 ・教科書を中心に進める。 ・リーフを使いながら学習する。 ・プリントを使い，1，2年の復習をふくめて学習する。 ○個人，グループで集まるなど，ワークスペースを自由に利用してよい。		
学習計画を立てるために	時	標準的な学習進度	ゆっくり学習したい人の進度	発展学習を考えた進度
	1 2	二次方程式とその解，二次方程式を解くことの意味を理解し，簡単な二次方程式を解くことができる。（一斉学習） 　　　　　　　　　チェックテスト後パッケージ学習の計画		
	3 4 5 6	いろいろな二次方程式の解き方を考え，因数分解による解き方の練習に習熟する。	基本的な二次方程式の解き方に習熟し，因数分解による二次方程式の解法について学習する。	二次方程式をいろいろな方法で解くとともに，二次方程式の解の公式を導く。
		チェックテスト実施（習熟度に合わせ，次時からの学習計画を立てる）		
	7 8 9	教科書やリーフにある問題を，二次方程式を利用して解く。	教科書，リーフにある基本的な問題を，二次方程式を利用して解く。	文章題から二次方程式を導き，問題を解決する。
		チェックテストを実施，この単元で学習した内容を自己評価する		
備考	○教科書の問題は，いつでも答え合わせします。 ○教科書とリーフとを関連づけて学習すること。 ○人に教えることも自分の学習に結びつきます。友だちに説明することで，自分の知識もより確かなものになります。			

習ガイド)」です。

　初めに，単元の目標があり，9時間単元です。

　次に，共通課題は[1]，[2]，[3]の3つのサブ課題になっていますが，これらの課題を学習する時，「教科書，理科ノート，VTR，学習カード，解答カード，資料カード，ヒントカード」を使います。

　最後の[4]は発展学習になっていて，この学習には冊子が用意されています。

　[0]は導入の活動で，学級全員で行う動機づけ活動で，そのために「資料カード」が用意されています。

　② 中学校の「学習ガイド（手引き）」

　表7-2は中学校3年の数学「二次方程式」のための「学習ガイド（手引き）」です。

　初めに，学習の目的，学習の進め方があり，9時間単元です。

　次に，学習活動の流れですが，第1,2校時は学級全員での導入活動です。それに続く3〜9校時，3つのコースから1つを選んで行う「課題選択学習」です。第6,9校時が終わったところでそれぞれチェックテストを受けることになっています。このガイドには書いてありませんが，『学習パッケージ』が用意されています。

3) 1つの事例を通して『学習パッケージ』の成り立ちを説明する

　「学習ガイド（手引き）」だけで，子どもたちが自力解決学習を進められると理想的ですが，やはり，「学習ガイド（手引き）」の中の学習課題を行っていくためには，教科書だけでは不十分で，もう一段詳しい「手掛かり」になるものが必要です。いろいろなシート，カードと呼ばれてきているものがそれです。

　「学習ガイド（手引き）」とこれらのシート，カードをセットにしたものを『学習パッケージ』と呼んできています。

表7-3 小学校5年 国語（6時間）「『物語』を読む：古典ワールドへタイムスリップ」（課題選択学習）の「学習の手引き」

学習活動（8時間扱い）	支援（○）評価（●）
① ガイダンス（学年） ○単元への意欲化　○コースの説明 ○チェック内容の説明　　　　　0.5時間	① ○国語コース別資料を提示することにより，各コースの特徴を理解し，意欲を持つことができるようにする。
② 計画（各学級） ○コースの決定　○教科の割り振り ○計画表への記入　　　　　　　0.5時間	② ○学習計画表に記入することで学習の見通しを持たせるようにする。 ●自分のペースに合った学習計画を立てることができる。（学習計画表）
画家コース　　作家コース　　批評家コース	
③ 「竹取物語」の語りを聞いて感想を書く。（感想カード）	③ ○「竹取物語」を原文と現代訳で聞き，感想を持つ。（共通） ●古文について興味を持つことができる。（観察）

画家コース／作家コース／批評家コース の並列活動：

画家コース	作家コース	批評家コース
④ 「竹取物語」の絵カードをあらすじにそって並べる。（学習カード①）	⑨ 古文の言葉の意味調べをする。（学習カードA）	⑭ 「枕草子」の動画を見て，「枕草子」のおもしろさについて意見を書く。（学習カードあ）
⑤ 「竹取物語」「かぐや姫月へ帰る」の感想を書く。（学習カード②）	⑩ 徒然草「高名の木登り」は何を教えているか書く。（学習カードB）	⑮ 「平家物語―敦盛の最期―」の動画を見て，武士について感想を持つ。（学習カードい）
⑥ 「枕草子」の言葉の意味を調べ，それぞれの文の色のイメージを持つ。（学習カード③）	⑪ 徒然草「友とするのに悪きもの七つあり。三つのよき友」を想像する。（学習カードC）	⑯ 「徒然草」の動画を見て，「徒然草」のおもしろさについて意見を書く。（学習カードう）
⑦ 「平家物語」「那須与一と扇の的」を読み，絵を描く。（学習カード④）	⑫ 清少納言や吉田兼好の人柄を想像する。（学習カードD）	⑰ 狂言「柿山伏」の動画を見てから，あらすじや狂言のおもしろさについて意見を書く。（学習カードえ）
⑧ お気に入りの古文を巻紙に筆や絵で表す。（学習カード⑤）	⑬ 「自分の草子」を書く。（学習カードE）	

⑱ 音読チェック　資料の古文をすらすらと読む。（学習カード⑥・F・お）	
⑲ 発展学習	

右欄続き：

⑧ ○お気に入りの古文を巻紙に筆や絵で表す。
●古文に書かれたイメージを絵と文で表すことができる。（学習カード⑤）【画家コース】

⑬ ○自分の「枕草子」を書く。
●四季それぞれに思い浮かんだことがらを古文の言葉を使って文で表すことができる。（学習カードE）【作家コース】

⑭⑮⑯⑰ ○「枕草子」「平家物語」「徒然草」「柿山伏」の動画を見て，古典についての意見を書く。
●古典のおもしろさに気づき，自分の言葉で表すことができる。（学習カードあ・い・う・え）【批評家コース】

【3コース共通】

⑱ ○資料の古文をすらすらと読む。
●古文のリズムの美しさや調子のよさに気づくことができる。

表7-4 小学校5年・国語「『物語』を読む：古典ワールドへタイムスリップ」画家コース・学習カード⑤の例

国語
古典ワールドへタイムスリップ　　五年　　組（　　　　　　　　　）

画家コース⑤

★学習した古文の中から、お気に入りの文を選び、巻紙に黒ペンや絵で表そう。

用意するもの
○巻紙（好きな長さに切ろう）
○黒ペン
○絵の具、クーピー、色鉛筆など

選んだ古文の題名　　　　　　　作者
（　　　　　　　　　　　　）（　　　　　　　　　　　　　）
選んだ理由
（　　　　　　　　　　　　　　　　　　　　　　　　　　　）

簡単に、絵の下書きをしよう。

カードをファイルにとじる→巻紙に古文と絵をかく→先生にわたす→カード⑥へ

138

Ⅶ　アクティブ・ラーニングのための「学習ガイド（手引き）」の作り方

表7-5　学習活動を締めくくる学級全員が行う学習カード（小学校5年・国語『物語』を読む：古典ワールドへタイムスリップ」画家コース・学習カード⑥の例）

国語
古典ワールドへタイムスリップ　　五年　　組（　　　　　　　　）

【画家コース⑥】　音読チェック

★資料の文章の音読台本を作り、音読の練習をしよう。

資料に音読マークを入れて音読練習をしよう。

音読マーク
①強く　　　━━━━━━━
②速く　　　←──────→
③ゆっくり　～～～～～～
④一つの言葉をはっきり　　◯
⑤間をとる　　＼／
⑥意味のまとまり　　￣

すらすらとよどみなく読めるようになったら先生の前で読みましょう。

【音読チェック→合格したらシールをもらってはろう】

あなたは、古典を読んで絵に表してみて、昔の人々のくらしや考え方にどんなことを感じましたか？

　　　　　　　　　　　五年　　組（　　　　　　　　）

表7-3は小学校5年の国語「『物語』を読む：古典ワールドへタイムスリップ」の「学習の手引き」です。最初の導入を兼ねた共通課題③は「竹取物語の語りを聞いて感想を書く」というものです。その後は3つのコース，画家コース，作家コース，批評家コースに分かれた課題選択学習です。

　それぞれのコースには5, 6枚の「学習カード」が用意されていて，それにしたがって，学習していくのです。

　表7-4は画家コースの最後の「学習カード」です。表7-5は学習活動を締めくくる学級全員が行う「学習カード」です。

(4) 第9, 10の授業モデルは「契約学習」である

　生活科や総合的な学習は子どもたちが課題を自ら見つけ，自分の力で解決することを目的としています。そのため，後者には教科書がなく，各学校が創意工夫して教育課程を作成することになっています。

　実は特別活動についても，集団性の育成という目標に配慮しつつ，学校が創意工夫して教育課程を作成することができるのです。言い

表7-6　学習計画シート

社会科　単元名
月　　　日
＿＿＿＿＿＿学級　氏名＿＿＿＿＿＿＿＿
(1)　学習課題
(2)　選んだ理由
1.＿＿＿＿＿＿＿＿＿＿＿＿＿＿＿＿
2.＿＿＿＿＿＿＿＿＿＿＿＿＿＿＿＿
3.＿＿＿＿＿＿＿＿＿＿＿＿＿＿＿＿
(3)　学習計画

活動・日時	場所・人	資　料

(4)　まとめ方
(5)　先生からのアドバイス（先生の承認）

Ⅶ　アクティブ・ラーニングのための「学習ガイド（手引き）」の作り方

換えると，ここでは，子どもたちの興味や関心を重視して学習活動を展開すべきで，学習活動は第9，10の授業モデルに属する授業です。

何について学習するのか，どのように学習するのか，子どもたちが決め，教師の承認を得て，学習するのです。教師と子どもたちの「契約学習」ということになります。その

表7-7　契約学習シート

学習活動名
　　　　　　　　　　　　　　月　　　日
　　　　　　学級　　氏名
(1)　学習課題
(2)　学習のねらい

(3)　学習活動の展開（時間配分，資料，場所など）

(4)　先生からのアドバイス（先生の認印）
(5)　予想される成果
(6)　完了予定日　　　月　　　日

ために自ら「学習計画シート」あるいは「契約学習シート」を作成します。途中で軌道修正することも許されるといったものです。

たとえば，(1)「学習課題」の項は，教師によって示された学習目標を勘案して，その目標を達成するのにふさわしいと考える「学習課題」を書き込むことになります。

次に，(2)「選んだ理由」あるいは「学習のねらい」，(3)「学習計画」あるいは「学習活動の展開」，(4)「まとめ方」あるいは(5)「予想される成果」について，自分が設定した学習課題を達成することを目指して，書き込んでいきます。そのうえで，(5)あるいは(4)「先生からのアドバイス」や「先生の承認」を得て（教師と契約を交わして）学習を進めることになります。

Ⅲ章で述べたように，課題づくりにはウェビング手法がきわめて有効

です。最初の段階でウェビングすることによって，(1)，(2)，(3)，(4)あるいは(5)について考えることができ，学習課題の意義と広がりを自覚することができるのです。

　この契約学習は一人学習にこだわることはありません。友だちと2人，3人で協力して学習するのも楽しいことでしょう。小グループを作って協働して学習するのも意義のあることです。

(5) 契約学習の事例としての『さざんか活動』

　多くの学校が総合的な学習の時間の学習活動に，それぞれの学校にふさわしい名称を与えています。ある小学校は『さざんか活動』という名称を与え，子どもたちはそれぞれ自分のやりたい学習に取り組んでいます。一人学習でも，二人学習でも，小グループ学習として構成してもよいのですが，自分のやりたい学習課題を考え，計画して，取り組む学習です。学習に際して，「学習計画シート」，この小学校では『さざんかシート』に，「やりたいこと（学習課題）」「やりたい理由（選んだ理由）」「やることとその

表7-8　さざんか活動のレポート

Ⅶ　アクティブ・ラーニングのための「学習ガイド（手引き）」の作り方

手順（学習計画）」「まとめ方」を書き入れ，教師からのアドバイスと「承認」を得てから，学習に取り組むのです。

教師は「承認」に当たって，学習課題が子どもたちの願いにかなったものであるのかどうか，また，学習の手順がはっきりしていて，かつ，学習活動のための素材・材料や情報があって，「できるものであるのか」どうかなどに注意をはらい，アドバイスをすることになるはずです。子どもによっては学習課題が大きすぎたり，達成するのが難しかったりするものです。

5年生の1人の子は『小物入れをくふうして作ろう』という学習課題を考え，計画しました。この子のレポートによれば，この課題を選んだ理由，計画の進み具合，工夫したところ，作り上げた時の感想がよくわかります。（表7-8参照）

学習活動の最後に，作られた「小物入れ」にこのレポートをつけて，発表展示会が開かれたはずです。

2　アクティブ・ラーニングのための「研究推進委員会」を立ち上げる

(1)　研究推進委員会を構成する

職員室の机の配置を見ればわかることですが，学校は学年別に組織されています。校長，教頭・副校長，教務主任で構成する管理部門のほかは，学年主任をリーダーにして，学年ごとに，組織されています。学年主任はその学年の年長者というのが一般的でしょう。この組織は日々の教育実践を行っていくための運営組織と言ってよいでしょう。したがって，学年部会が中心的組織です。中学校は教科担任制ですので，学年部会のほかに教科部会がありますが，あまり機能しているとは言えないと

考えられます。

　こうした学年部会を中心とした学校の運営組織では，新しい研究やそれに伴う実践活動を推進していくことはできにくいと考えられます。したがって，「アクティブ・ラーニング」というテーマで研究を行っていくためには，学年部会のほかに，「研究推進委員会」を立ち上げなければなりません。しかも，リーダーは，年齢にかかわらず，リーダーシップのある教師でなくてはなりません。この人選が大きな問題であることは言うまでもありません。研究推進委員会は，学校の規模にもよりますが，小学校は各学年から，中学校は各教科から選ばれた数人の教師で構成します。

　この研究推進委員会は3つの分科会に分かれて研究を推進することを勧めます。

　1つは「授業計画委員会」です。「指導計画作成委員会」と言ってもよいでしょう。その役割は，Ⅱ章で述べてきたアクティブ・ラーニングのための10の授業モデルの検討です。繰り返しますが，これらは「モデル」であって，実際の授業のための指導計画を作成しなければなりません。従来からの単元指導案や本時の指導案とは，大きく違ったものとなります。

　もう1つは「学習環境委員会」です。この委員会は検討されている「アクティブ・ラーニング」を目指した研究授業を，まず，「どこで」行うことにするのか，次に，行う場の「しつらえ」，さらに，「学習ガイド（手引き）」と『学習パッケージ』（136頁参照）をどうするのか，検討しなければなりません。「どこで」という場所のことは，別途，事前に決めておくことになるでしょう。たとえば，小学校の場合，空き教室が6つあれば，それらを各学年の「学習センター」とし，6つない場合は，視聴覚室やコンピュータ室を加えて，各学年の「学習センター」をしつらえます。中学校では，特別教室を持たない国語，社会，数学，英語の

Ⅶ アクティブ・ラーニングのための「学習ガイド（手引き）」の作り方

4教科のために「教科センター」を創ることを考えることになります。

どの学校にもある図書室の活用を考えてもよいのですが，どうも，ある1つの学年，ある1つの教科が図書室を占用するのには抵抗があるようです。しかし，ある単元に限って活用されてもよいのではないでしょうか。

さらに，Ⅵ章で見たように，研究する単元を考慮して，これらの場所（センター）をどのようにしつらえるべきか，この委員会で検討することになります。その単元の学習に役立つ印刷教材，視聴覚教材，操作教材，コンピュータ・ソフトを探してくる必要があります。「学習ガイド（手引き）」と『学習パッケージ』の作成はそれぞれの学年部会で行うことになるのですが，この委員会でも検討することになると考えられます。

最後の1つは「評価活動委員会」です。言うまでもなく，どの単元にとっても評価活動は必要ですが，「観点別評価」を計画するとして，いつどのようなデータを集め，どのような観点で評価するべきか，検討します。単に，総括的評価だけでなく，形成的評価も行うべきでしょう。こうした評価の手段についても検討することになります。今日では，特に，生活科や総合的な学習には「ポートフォリオ評価」ということも考えられます。

(2) 「学習ガイド（手引き）」『学習パッケージ』作成には時間とエネルギーが必要である

特に，「学習環境委員会」と「学年部会」との役割分担について付け加えておかねばならないことがあります。

「学習環境委員会」は研究授業を行う「学年部会」から基本的な考え方に対して相談に乗るという立場で，研究授業を行う単元の学習活動のための「学習ガイド（手引き）」『学習パッケージ』作成は「学年部会」が行うという役割分担です。

子どもたちがよりよくイニシアティブを発揮して自ら学習活動を行っていくためには，学習活動を導く「学習ガイド（手引き）」や『学習パッケージ』を事前に作成しておかねばならないのですが，その作成にはかなりの時間とエネルギーが必要です。ただでさえ，多忙を極める学校で，このことはとても大きな問題です。

　夏休みの間に，小学校では各学年，中学校では各教科の教師がチームを組んで，9月から3月までに行う単元の内，アクティブ・ラーニングを行う1つあるいは2つを選んで，単元開発をし，その中で「学習ガイド（手引き）」や『学習パッケージ』を作成していくことになると考えられます。小学校では各学年で，学年ごとに重点教科等を決め，さらに，決めた重点教科の中で1あるいは2の単元でアクティブ・ラーニングを計画することになるでしょう。たとえば，低学年は「生活科」，中学年は「算数」，高学年は「社会・理科」を重点教科として選び，研究することが考えられます。

(3) 「カリキュラム管理室」を設け，「学習ガイド（手引き）」『学習パッケージ』を保存する

　学校現場の今の多忙さから言って，多大の時間とエネルギーを必要とする「学習ガイド（手引き）」『学習パッケージ』作成は1年間で，1つから，せいぜい，3つの単元ということになるものと考えられます。したがって，作成された学習材を保存し，次の年度にも使えるようにすべきです。そのために，学校の中に「カリキュラム管理室」を設け，学年別・教科別に仕分けした棚を作り，保存するべきです。このようにして数年間努力すると，かなりの単元のための「学習ガイド（手引き）」『学習パッケージ』が作成され，毎学期，2，3の単元でアクティブ・ラーニングができるようになります。もちろん，活用する時，新しい先生方で見直し，修正していき，よりよいものになることが期待できます。

Ⅶ　アクティブ・ラーニングのための「学習ガイド（手引き）」の作り方

　最初に「カリキュラム管理室」を作ったのは，もう 30 年以上も前になりますが，千葉県館山市の北条小学校だったと記憶しています。その後，愛知県東浦町の緒川小学校，岐阜県池田町の池田小学校でした。北条小学校は廊下部分に学習スペースを持った最初の学校です。緒川小学校と池田小学校は本格的なオープン・スペースを持った学校です。

　「カリキュラム管理室」には 2 つの問題が付きまといます。1 つは，避けられないことですが，学習材・学習具の発達という問題です。30 年前には，コンピュータが広く使われていませんでした。したがって，「学習ガイド（手引き）」『学習パッケージ』は手書きでした。絵や図を入れることも容易ではありませんでした。同じことが視聴覚教材についても言えます。DVD はありませんでした。

　もう 1 つは学習指導要領がほぼ 10 年ごとに改定されるという問題です。当然教科書の内容も変わります。教師は，少しの教科書の内容の変化にも，気を配り，以前作成した「学習ガイド（手引き）」『学習パッケージ』を使いたがりません。また，たとえば，30 年前には，生活科や総合的な時間はありませんでした。

　したがって，こうした学習材・学習具の発達や学習指導要領の改定にどう対処していくべきか，考えなくてはならないのです。そのために，イギリスやアメリカでは，教育委員会によっては「教師支援センター」を設け，教師たちが集まって教材づくりができる場を教師たちに提供しています。教師たちが自分たちで作成した「学習ガイド（手引き）」『学習パッケージ』を持ち寄ってきて，検討したり，お互いに使い合ったりして作成の技法を向上させていく必要があると思われます。

(4)　「カリキュラム評価」により実践の深まりと広がりを図る

　言うまでもないことですが，「研究推進委員会」の最大の役割は学年部会や教科部会とともに，アクティブ・ラーニングを目指して研究し，

実践を積み上げていくことです。同時に，学校全体の研究活動を評価し，反省し，次の学年の研究につなげていくことです。

「カリキュラム評価」という概念は実践の深まりと広がりにかかわるものです。まず，「深まり」ですが，研究推進委員会は小学校では各学年部会，中学校では各教科部会から出された実践研究をⅡ章の図2-2「教師と子どもの『イニシアティブ比率』と授業モデル」（63頁）の上に書き込み，学校全体のアクティブ・ラーニングを目指した実践研究がどの位置にあるかを示す必要があります。この図2-2の上に書き込む際の手法については，今後の研究が欠かせませんが，現状では，実践研究を行った教師たちからの「聞き取り」をベースに「研究推進委員会」が位置づける，ということにしておきます。

第1年目より第2年目，さらに，第2年目より第3年目の実践研究が，図7-1のようにA'B'線がAB線より上の方向に移動している場合，すなわち，教師と子どもたちのイニシアティブの比率において子どもたちのイニシアティブが大きくなる方向に移動している場合，研究は「深まっている」と言えるのです。逆に，下の方向に移動している場合，すなわち，教師と子どもたちのイニシアティブの比率において教師のイニシアティブが大きくなる方向に移動している場合，研究は「深まっていない」と言えるのです。

また，採用された授業モデルごとに実践研究を位置づけることによって，どのモデルの採用に問題があるかも知ることができます。AB線より低い位置にある実践研究についてはその実践のどこに問題があるのか究明して，改善を図ることになります。

Ⅶ　アクティブ・ラーニングのための「学習ガイド（手引き）」の作り方

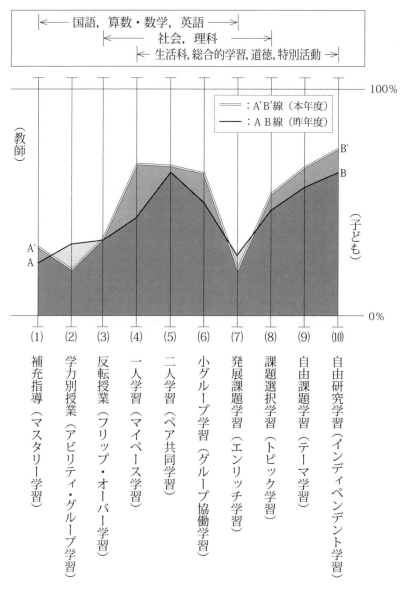

図7-1　カリキュラム・デザイン（2015年）

おわりに

　1961年，まだ貧しさがあちらこちらに残る時代に地元で中学校教師になれ，両親を大いに喜ばせることができました。にもかかわらず，2年後には退職してしまいました。しかも，目指した名古屋大学の大学院は不合格でした。1年間，研究生となり，まさに"おなさけ"で，次の年に入れていただきました。2年後，博士課程に進学するも，事もあろうに，指導教官と"事を構える"ことになってしまいました。しかし，運よく，3回目の試みで，博士課程の最後の年にフルブライト留学試験に合格し，1968年，アメリカに脱出でき，ホッとしたことは確かです。日本の大学が反安保闘争で荒れ狂うのを遠くから眺めながら，4年半にもわたって，アメリカで勉強できたことは，奇妙に感じつつも，とても幸運なことでした。

　今でも，一体，自分は，あの11年間，なににどう向かい合ってきたというのだろうかと，時々，考えることがあります。教育という分野から離れたわけでもなかったし，教えることが嫌いで退職したわけでもありませんでした。生徒たちとは楽しくやれました。今も，当時の生徒の多くと交流を楽しんでいます。むしろ，当時の政治状況を反映していた管理職と教師組合との対立の厳しさに，学校という職場を疑っていたことは確かです。教職を一生の仕事と決めて教師になった若者には，"やり場のない"職場だったに違いないのです。先輩と従兄弟が大学院にいたので，それに従うことにしたにすぎませんでした。しかし，なぜ，将来の見えない，"凸凹"道を突っ走っていったのか，今でも，よくわからない気持ちです。4人兄弟の長男として，特に，母親の嘆きには"応えよう"がありませんでした。アメリカ留学が決まるまでの6年間，家

おわりに

に帰ることはありませんでした。

　学部時代の専攻は歴史でしたので，修士論文はイギリス産業革命期の教育について書きました。大学院に入学するのに精いっぱいだったし，教師を辞めてまで，大学院に進学した以上，博士課程への進学を目指すことを心の中で決めていながら，この時点では，教育への関心が自分の中に"腑に落ちたもの"となっていなかったはずです。今から考えると，博士課程に進学して，ほぼ同時に，指導教官と"事を構えた"ことが一大転機であり，大いなる幸いだったと思います。改めて，自分と教育とのかかわりについて，それこそ，反省する貴重な機会となったのです。

　やがて，教員養成大学を出て，中学校の教師になり，大学院に進学した自分の上に道筋ができました。それは学校教育への回帰でした。当時の名古屋大学は授業研究のメッカでした。研究生の時から，6年間も，重松鷹泰・上田薫両先生の授業に毎年参加していました。まさに，大いに薫陶を受けたのです。

　さらに，留学して，ウィスコンシン大学では，デューイ教育学の研究者であり，「カリキュラム史」という新しい研究領域を打ち立てつつあったH.クリバード先生を指導教官とすることができました。先生は，時折，6年間もニューヨークの高校で教えていた時の経験について話されていましたし，学校教育学科のほとんどの教授が現場での教職経験の後で博士号を取得していることも知りました。ついに，やっと，勉強の方向が1本の線の上につながったという，この時のうれしさは明らかに勉強の量の上に反映され，英語の研究書を読むことが苦痛ではなくなった，と自信を持って言えます。

　自分は勉強が"よくできる"人間だと思ったことは一度もありませんでした。いわゆる浪人を2度も経験している人間にとっては無理のないことで，むしろ，平凡な人間くらいに思っていたに違いないのです。しかし，ほぼ自分の道を学校教育の中に見つけ，フルブライト留学試験に

合格したころから，この自己意識は変化していったと思います。同時に"くじけない"，"弱音をはかない"自分を意識していったように思います。

なんと言っても，36歳になって，ついに，ニューヨーク日本人学校の創設にかかわる仕事を得て，国立教育研究所の所員になることができたことは幸運でした。とくに喜んでくれたのは父親で，この年，長女が誕生しました。その年になるまで，私的なレベルで教育に対応できたことは，幸運中の幸運といったものでしょう。公的の世界への長い"ぜいたくな"準備期間でした。

公的な世界への出発が，今にして思えば，これまた，幸運の一言に尽きるのです。国立教育研究所で，しばらくは，日本人学校がらみで，当時の帰国子女教育やユネスコがらみの仕事に携わりました。しかし，1970年代の後半には，いわゆるオープン・スペースを持った学校が日本にも登場し，中でも，郷里の隣町（愛知県東浦町）に新築された3つのオープン・スクールとの出会いは，奇跡的であったと思います。

アメリカに留学していた1968年から1972年は大学には反ベトナム戦争の嵐が吹き荒れている一方で，教育の世界では，イギリスの「インフォーマル教育」の影響を受けて，革新的な「オープン教育」を目指す一大改革運動が展開されていました。1967年にイギリス文部省が刊行した『プラウデン・レポート』，1973年にアメリカで出版されたC.シルバーマンによる『教室の危機：学校教育の全面的再検討』は，今ではすっかり忘れられてしまっていますが，学校教育のパラダイム転換を余儀なくさせたものでした。

その1つの動きとして，ウィスコンシン大学は連邦政府の支援を得てIGE（個別化教育）プロジェクトを推進していました。大学のTA（ティーチング・アシスタント）として，その実験小学校の教育に2年間かかわっていたのです。そこで行われていた授業は，伝統的な一斉授業とは大きく違って，子どもたち一人ひとりの学習適性に合わせた処遇

をしようとした教育実践でした。一斉授業しか知らなかった自分にとって，そこでの経験はショック以上のものでした。端的には，指導・学習活動の在り方が一斉授業とは全く違う原理，すなわち，「子どもの学び」という原理から構成されていたものでした。

　新築されたこれら3つのオープン・スクールとの出会いに際して，次のように考えました。時代は学習者一人ひとりの「主体性・創造性」を重視する教育に動いていくに違いない。そのためにこそ，オープン・スペースは使うべきだと考え，初期には，「指導の個別化」を図ろうとしました。やがて，生活科や総合的な学習の時間の導入に伴って，「学習の個性化」という概念から学習活動を創ろうと試みました。

　なにより，うれしかったことは，これらの学校の教師たちが新しい指導の在り方を求めて，積極的，挑戦的だったことでした。保護者たちも，きわめて協力的でした。これまた，奇跡的だったと思います。1980年からの20年間が最も充実した時代であったように思います。

　学校教育にかかわる者として，全国の多くのオープン・スクールの実践にかかわることができたことはとても誇らしいことです。これまた，偶然が織りなす好機が私に実践の場を与えてくれたと感じていて，この20年間，まさに，"寝食を忘れて"これらの実践校と格闘できたと思っています。しかも，教室という閉じられた空間の中での伝統的な一斉授業に対して，多分，対極に位置づけることのできる指導・学習活動の在り方を示すことができたと確信しています。

　アメリカのように教育における地方分権制をとっていない日本で，このような児童中心主義に基づく実践ができたのは，中央集権制度の"一瞬のゆるみ"だったかもしれません。しかし，そうした時代に遭遇し，実践できたことは，自分にとって，最大の幸運に違いないのです。

　「型から入って型を破る」と言われるように，「守破離」という考え方が日本の伝統だとすれば，少しは「型を破る」試みができたということ

になるのでしょうか。他方「服装の乱れは，心の乱れ」と言われるように「型を守る」ことに固執する勢力が常に強力であることに心して，今後も，「型を破る」試みを続けたいと思っています。

2016年3月3日

加藤幸次

著者紹介
加藤幸次
1937 年，愛知県に生まれる。
名古屋大学大学院，ウィスコンシン大学大学院修了。
現在：上智大学名誉教授，前名古屋女子大学教授，日本個性化教育学会会長，グローバル教育学会顧問，前アメリカ教育学会会長，社会科教育研究センター会長。
著書：『ティーム・ティーチングの考え方・進め方』黎明書房，1993 年。
　　　『総合学習の実践』黎明書房，1997 年。
　　　『中学校の総合学習の考え方・進め方』黎明書房，1998 年。
　　　『総合学習のためのポートフォリオ評価』黎明書房，1999 年。
　　　『学力低下論批判』黎明書房，2001 年。
　　　『小学校　個に応じる少人数指導』黎明書房，2002 年。
　　　『学力向上をめざす個に応じた国語・算数の指導（小学校）』黎明書房，2004 年。
　　　『学力向上をめざす個に応じた国語・数学・英語の指導（中学校）』黎明書房，2004 年。
　　　『学力向上をめざす個に応じた理科・社会の指導（小学校）』黎明書房，2004 年。
　　　『学級担任が教える小学校の英語活動』黎明書房，2006 年。
　　　『教員免許更新制と評価・認定システム』黎明書房，2008 年。
　　　『ウェビング式教員免許更新のための必修講習ガイドブック』黎明書房，2009 年。
　　　『分厚くなった教科書を活用した 40 の指導法』黎明書房，2011 年。
　　　『大学授業のパラダイム転換』黎明書房，2014 年。
　　　『そこが知りたい！　小学校の英語指導 50 の疑問』黎明書房，2016 年。

アクティブ・ラーニングの考え方・進め方

2016 年 5 月 15 日　初版発行	著　者	加　藤　幸　次
2017 年 2 月 10 日　2 刷発行	発行者	武　馬　久仁裕
	印　刷	藤原印刷株式会社
	製　本	協栄製本工業株式会社

発　行　所　　　　　　株式会社　黎明書房
〒460-0002　名古屋市中区丸の内 3-6-27　EBS ビル　☎ 052-962-3045
　　　　　　FAX 052-951-9065　振替・00880-1-59001
〒101-0047　東京連絡所・千代田区内神田 1-4-9　松苗ビル 4 階
☎ 03-3268-3470

落丁本・乱丁本はお取替します。　　　　　ISBN978-4-654-01930-4
Ⓒ Y.Kato 2016, Printed in Japan

加藤幸次・伊藤静香著　　　　　　　　　　　A5判　129頁　2000円
そこが知りたい！　小学校の英語指導 50 の疑問
あなたも英語が教えられる／「使える英語」を目指す，平成 32 年度に全面実施予定の小学校 3，4 年「英語活動」，5，6 年「英語科」の授業に対応するための本。

加藤幸次著　　　　　　　　　　　　　　　　A5判　144頁　2000円
分厚くなった教科書を活用した 40 の指導法
今度こそ「教科書"で"教えよう」／教科書を効率よく使って，詰め込みにならずに，学習指導要領の示す各教科の目標を確実に達成する 40 の方法を具体的に紹介。

鈴木正幸・加藤幸次・辻村哲夫編著　　　　　A5判　218頁　2200円
教員免許更新制と評価・認定システム
神戸国際大学での予備講習を踏まえ，2009 年 4 月から施行された教員免許更新制度の内容，講習のあり方，評価・認定基準等，制度の全体像を詳細に語る。

加藤幸次著　　　　　　　　　　　　　　　　A5判　223頁　2300円
ウェビング式 教員免許更新のための必修講習ガイドブック
「教員免許更新講習」の必修領域の 8 つの細目ごとに，効率的な講義の手順を示し講義内容を整理。最新の教育事情を学ぶのに好適。

加藤幸次著　　　　　　　　　　　　　A5判上製　191頁　3600円
大学授業のパラダイム転換　ICT 時代の大学教育を創る
今，実現すべき，ICT 時代の大学授業のあり方，学習環境のあり方などについて詳述。講義式授業にとらわれない双方向的な大学授業モデルを提示。大学関係者必読の書。

平山　勉編著　　　　　　　　　　　　　　　B5判　157頁　2300円
本物のアクティブ・ラーニングへの布石 授業を創る・学校を創る
教育方法学のすすめ／真のアクティブ・ラーニングを実現するために必要な教師の創意工夫が散りばめられた数々の実践を紹介。

蔵満逸司著　　　　　　　　　　B5判　86頁（オールカラー）　2300円
教師のための iPhone & iPad 超かんたん活用術
はじめて iPhone & iPad をさわる人でも，すぐに授業や普段の教師生活に活かせるノウハウを収録。操作説明や基本の用語，役立つアプリも厳選して紹介。

表示価格は本体価格です。別途消費税がかかります。

■ホームページでは，新刊案内など，小社刊行物の詳細な情報を提供しております。「総目録」もダウンロードできます。http://www.reimei-shobo.com/